学科阅读推广工程

语文来了

张伟忠 主编

③

本册主编：孟宪军
编写人员：崔洪国　牛福元　季海宏
　　　　　张兴燕　张海霞　赵周彻
　　　　　苏环环　孟翠红　陈雪峰
　　　　　王　娟　刘钦明

山东城市出版传媒集团·济南出版社

图书在版编目（CIP）数据

语文来了.3／张伟忠主编.—济南：济南出版社，2018.1
ISBN 978-7-5488-2948-5

Ⅰ.①语… Ⅱ.①张… Ⅲ.①中学语文课—初中—教学参考资料 Ⅳ.①G634.303

中国版本图书馆CIP数据核字（2018）第004610号

本书部分文字与图片作者无法取得联系，在此深表歉意。敬请作者及时与我们联系，我们将按国家有关规定支付稿酬并赠送样书。联系电话:0531-86131713

出 版 人	崔 刚
项目策划	周家亮
责任编辑	宋 涛 班 经
封面设计	胡大伟
出版发行	济南出版社
地 址	山东省济南市二环南路1号（250002）
发行热线	0531-86922073（省内） 0531-67817923（省外）
印 刷	肥城新华印刷有限公司
版 次	2018年1月第1版
印 次	2018年5月第1次印刷
成品尺寸	170 mm×240 mm 16开
印 张	8.75
字 数	127千字
定 价	32.00元

（济南版图书，如有印装错误，请与出版社联系调换。联系电话:0531-86131716）

以阅读拓展语文课堂　用阅读提升学科素养

（代序）

"腹有诗书气自华"。阅读，给人的精神提供滋养，使人的生活更加充实。阅读，不仅要有所喜好，更要有所选择，才能为靓丽幸福的人生筑基。

教材和课堂，给你们奠定了扎实的基础。但是语文世界还有更开阔的视野，需要用更丰盈的心灵、更智慧的头脑去感悟。

近年来，着眼于学生发展核心素养的学科阅读越来越受到重视。以教材为起点，引入丰富的相关文本，拉近课堂与课外的距离，拉近阅读与学习的距离，能使课堂变得更有张力和活力，形成对课程的深度学习，培养学科思维能力，提升学科综合素养，并进一步拓宽学科视野与探究能力。

在此趋势下，我们组织力量，深入调查研究，认真总结分析，反思教材，反思教学，编写了这套《语文来了》。目的是通过彰显语文生命活力，进一步激发学习语文的兴趣，丰富语言文字积累，培养优秀思维品质，积淀深厚文化底蕴。这里有丰富多彩的文学选篇，有别开生面的课文解读，有名家读写的经验之谈，有妙趣横生的语言故事，更有高端大气的文学史知识。

阅读之于语文，无疑是最重要的学习途径。在阅读中，我们的思维过程能触及语文思维能力和学科素养的方方面面。可以这么说，以阅读来体味语文，用阅读提升素养，是走进语文课堂的捷径。

苏霍姆林斯基曾说过："让学生变聪明的方法，不是补课，不是增加作业量，而是阅读，阅读，再阅读。"同学们，我们真诚地期盼，你们能从这套《语文来了》的阅读中，感受到语文学科的丰富多彩、生动有趣、有血有肉，让你们的语文学习之旅走得更有效、更坚实、更宽广。

目 录

一 血与火的洗礼 ············· 001
[主题阅读] ················· 001
采蒲台的苇 ················· 001
铭记历史 缅怀先烈 珍爱和平 开创未来 ··· 003
等着我吧 ·················· 004
[含英咀华] ················· 006
由"画中之竹"看"胸中之意"
——《人民解放军百万大军横渡长江》细读 ······
·························· 006
[读写津梁] ················· 008
如何写好"新闻写作"中的"消息" ········ 008
叶圣陶：作文要说真话 ············· 010
[文史广角] ················· 011
毛泽东几篇新闻稿吓退敌军 ··········· 011
抗战期间中国损失调研 ············· 012
[趣味语文] ················· 013
胸罗文章兵百万
——毛泽东怎样写新闻、用新闻 ········· 013
消息中的新闻场面 ··············· 014

二　把人生的石级踩成琴键 …… 016

[主题阅读] …… 016

合欢树 …… 016

我的母亲 …… 019

[含英咀华] …… 023

高山仰止，师恩永铭
——《藤野先生》人物赏析 …… 023

《回忆我的母亲》的艺术形式美 …… 025

[读写津梁] …… 026

名人谈读书 …… 026

书的抒情 …… 027

忠实的伴侣 …… 028

[文史广角] …… 029

胡适、黄侃在白话文与文言文上的较量 …… 029

[趣味语文] …… 030

列夫·托尔斯泰的小故事 …… 030

三　造化钟神秀 …… 032

[主题阅读] …… 032

当代文人的三峡精神之旅 …… 032

文人雅士的山水情怀 …… 034

春江花月夜（节选） …… 036

[含英咀华] …… 037

山中宰相的山川深情
——解读《答谢中书书》的四个关键词 …… 037

不着一字　尽得风流
——浅析《记承天寺夜游》用词的精妙 …… 040

《与朱元思书》中的自然美 …… 043

[读写津梁] ……………………………… 045
山水有情，诗文留香
　——浅谈山水诗的鉴赏 ……………… 045
李白笔下的月光世界 …………………… 046

[文史广角] ……………………………… 048
山水文化 ………………………………… 048
山水文人 ………………………………… 048
山水情思 ………………………………… 050

[趣味语文] ……………………………… 050
桃花依旧笑春风 ………………………… 050

四　镌刻在时光里的温暖 ……………… 052

[主题阅读] ……………………………… 052
独腿人生 ………………………………… 052
母亲的手 ………………………………… 055

[含英咀华] ……………………………… 058
平淡之中显风华
　——赏析《背影》的语言艺术 ……… 058

[读写津梁] ……………………………… 061
朱自清读书轶事 ………………………… 061
作文的基本态度 ………………………… 062

[文史广角] ……………………………… 064
罗素的中国之行 ………………………… 064
《背影》背后的故事 …………………… 066
茅盾散文的诗意美 ……………………… 067

[趣味语文] ……………………………… 069
汪曾祺笔下的昆明 ……………………… 069
常见错别字辨析 ………………………… 072

五 大地的行为艺术 ········· 075

[主题阅读] ········· 075
晋　祠 ········· 075
画里阴晴 ········· 077

[含英咀华] ········· 079
从社会学角度解读《苏州园林》 ········· 079

[读写津梁] ········· 081
书　友 ········· 081

[文史广角] ········· 082
中国建筑之美 ········· 082
水乡的桥 ········· 084

[趣味语文] ········· 085
润扬大桥得名谈 ········· 085
春游季节谈园林欣赏 ········· 085
三　界 ········· 087
楹联漫话 ········· 087

六 坚毅的诗行 ········· 090

[主题阅读] ········· 090
人性的善恶 ········· 090

[含英咀华] ········· 093
《愚公移山》的哲学化解读 ········· 093
陶渊明的菊花 ········· 095
《春望》之"望"韵味细品 ········· 098

[读写津梁] ········· 100
阅读方法 ········· 100

[文史广角] ········· 104
古代杰出人物及事迹精选 ········· 104

[**趣味语文**] ·················· 106
"飞蛾扑火"为哪般 ·················· 106
妙用谐音,情趣横生 ·················· 108

七 在经典的深处行走 ·················· 110

[**经典导读**] ·················· 110
《庄子》 ·················· 110
[**名著荐读**] ·················· 114
老舍:《四世同堂》 ·················· 114
萧红:《呼兰河传》 ·················· 117
孙犁:《白洋淀纪事》 ·················· 122

一　血与火的洗礼

为纪念中国抗日战争暨世界反法西斯战争胜利七十周年而举行的天安门广场大阅兵，震撼了我们每一个中国人，也鼓舞了每一个热爱和平、热爱祖国的中国人。要生存，先把泪擦干；要生存，先使自己强大起来；要生存，就要敢于拿起手中的武器捍卫民族的独立和正义的尊严。在战火纷飞、血雨腥风的年代里，面对外敌的入侵，面对黑暗的统治，面对疯狂的掠夺和残忍的杀戮，无数中华先烈，舍生忘死、前仆后继，英勇地保卫着祖国的土地，追求美好的社会理想。铭记先烈和英雄，才能传承他们的革命精神和高贵品质。

战争是残酷的。我们热爱和平，我们不喜欢战争。但在人类历史上，血与火的战争屡屡爆发。时至今日，不少国家和地区的人民还在忍受战火的煎熬。地球需要和平，人类需要和平。任何挑起事端、侵犯别国主权的行为都会受到爱好和平者的指责与反抗，那些歪曲历史、装点侵略的行为更是可耻的。让我们一起走进战争，重温那些战争的故事，也回味战争带给我们的思考。

主题阅读

采蒲台的苇

孙犁

我到了白洋淀，第一个印象，是水养活了苇草，人们依靠苇生活。这里到处是苇，人和苇结合得是那么紧。人好像寄生在苇里的鸟儿，整天不停地在苇里穿来穿去。

我渐渐知道，苇也因为性质的软硬、坚固和脆弱，各有各的用途。其中大白皮和大头栽因为色白、高大，多用来织小花边的炕席；正草因为有骨性，则多用来铺房、填房碱；白毛子只有漂亮的外形，却只能当柴烧；假皮织篮捉鱼用。

我来得早，淀里的凌还没有完全融化。苇子的根还埋在冰冷的泥里，看不见大苇形成的海。我走在淀边上,想象假如是五月,那会是苇的世界。

在村里是一垛垛打下来的苇,它们柔顺地在妇女们的手里翻动。远处的炮声还不断传来,人民的创伤并没有完全平复。关于苇塘,就不只是一种风景,它充满火药的气息,和无数英雄的血液的记忆。如果单纯是苇,如果单纯是好看,那就不成为冀中的名胜。

这里的英雄事迹很多,不能一一记述。每一片苇塘,都有英雄的传说。敌人的炮火,曾经摧残它们,它们无数次被火烧光,人民的血液保持了它们的清白。

最好的苇出在采蒲台。一次,在采蒲台,十几个干部和全村男女被敌人包围。那是冬天,人们被围在冰上,面对着等待收割的大苇塘。

敌人要搜。干部们有的带着枪,认为是最后战斗流血的时候到来了。妇女们却偷偷地把怀里的孩子递过去,告诉他们把枪支插在孩子的裤裆里。搜查的时候,干部又顺手把孩子递给女人……12个女人不约而同地这样做了。仇恨是一个,爱是一个,智慧是一个。

枪掩护过去了,闯过了一关。这时,一个四十多岁的人,从苇塘打苇回来,被敌人捉住。敌人问他:"你是八路?""不是!""你村里有干部?""没有!"敌人砍断他半边脖子,又问:"你的八路!"他歪着头,血流在胸膛上,说:"不是!""你村的八路大大的!""没有!"

妇女们忍不住,她们一齐沙着嗓子喊:"没有!没有!"

敌人杀死他,他倒在冰上。血冻结了,血是坚定的,死是刚强!

"没有!没有!"

这声音将永远响在苇塘附近,永远响在白洋淀人民的耳朵旁边,甚至应该一代代传给我们的子孙。永远记住这两句简短有力的话吧!

(作者:孙犁)

 赏析

《采蒲台的苇》以抗战时期的白洋淀地区为背景,以质朴的笔触叙述了一个真实的军民抗日的故事。在文中,作者采用了象征手法,用坚韧不拔的"苇"来表现那些英勇抗战的白洋淀人民,更是用白描手法来表现勤劳勇敢的白洋淀妇女在面对敌人时那种冷静与无畏的精神,同时也对当地老百姓的智慧进行了赞美和歌颂。

文章抒情色彩浓厚,首先寓情于景:作者在不动声色、信笔所至的写景中,隽永地抒发着对根据地的热爱和对当地人民淳朴、晶莹的人性美的由衷赞

颂；其次是景与人、事的融合：这里的景物描写，是环境，也是烘托，"最好的苇出在采蒲台"就是一种双关和融合。文章中采蒲台的英雄儿女与日寇周旋、斗智斗勇的场面，平静中掩藏着紧张，扣人心弦；而对于那位打苇人，则塑造出宁死不屈、视死如归的英勇形象，撼人心魄。

铭记历史　缅怀先烈
珍爱和平　开创未来

今天，是一个值得世界人民永远纪念的日子。七十年前的今天，中国人民经过长达十四年艰苦卓绝的斗争，取得了中国人民抗日战争的伟大胜利，宣告了世界反法西斯战争的完全胜利，和平的阳光再次普照大地。

中国人民抗日战争和世界反法西斯战争，是正义和邪恶、光明和黑暗、进步和反动的大决战。在那场惨烈的战争中，中国人民抗日战争开始时间最早、持续时间最长。面对侵略者，中华儿女不屈不挠、浴血奋战，彻底打败了日本军国主义侵略者，捍卫了中华民族5000多年发展的文明成果，捍卫了人类和平事业，铸就了战争史上的奇观、中华民族的壮举。

中国人民抗日战争胜利，是近代以来中国抗击外敌入侵的第一次完全胜利。这一伟大胜利，彻底粉碎了日本军国主义殖民奴役中国的图谋，洗刷了近代以来中国抗击外来侵略屡战屡败的民族耻辱。这一伟大胜利，重新确立了中国在世界上的大国地位，使中国人民赢得了世界爱好和平人民的尊敬。这一伟大胜利，开辟了中华民族伟大复兴的光明前景，开启了古老中国凤凰涅槃、浴火重生的新征程。

在那场战争中，中国人民以巨大民族牺牲支撑起了世界反法西斯战争的东方主战场，为世界反法西斯战争胜利做出了重大贡献。中国人民抗日战争也得到了国际社会广泛支持，中国人民将永远铭记各国人民为中国抗战胜利做出的贡献！

经历了战争的人们，更加懂得和平的宝贵。我们纪念中国人民抗日战争暨世界反法西斯战争胜利七十周年，就是要铭记历史、缅怀先烈、珍爱和平、开创未来。

那场战争的战火遍及亚洲、欧洲、非洲、大洋洲，军队和民众伤亡超过1亿人，其中中国伤亡人数超过3500万，苏联死亡人数超过2700万。绝不让历史悲剧重演，是我们对当年为维护人类自由、正义、和平而牺牲的英灵，对惨遭屠杀的无辜亡灵的最好纪念。

战争是一面镜子,能够让人更好认识和平的珍贵。今天,和平与发展已经成为时代主题,但世界仍很不太平,战争的达摩克利斯之剑依然悬在人类头上。我们要以史为鉴,坚定维护和平的决心。

为了和平,我们要牢固树立人类命运共同体意识。偏见和歧视、仇恨和战争,只会带来灾难和痛苦。相互尊重、平等相处、和平发展、共同繁荣,才是人间正道。世界各国应该共同维护以联合国宪章宗旨和原则为核心的国际秩序和国际体系,积极构建以合作共赢为核心的新型国际关系,共同推进世界和平与发展的崇高事业。

中国人民解放军是人民的子弟兵,全军将士要牢记全心全意为人民服务的根本宗旨,忠实履行保卫祖国安全和人民和平生活的神圣职责,忠实执行维护世界和平的神圣使命。我宣布,中国将裁减军队员额30万。

"靡不有初,鲜克有终。"实现中华民族伟大复兴,需要一代又一代人为之努力。中华民族创造了具有5000多年历史的灿烂文明,也一定能够创造出更加灿烂的明天。

前进道路上,全国各族人民要在中国共产党领导下,坚持以马克思列宁主义、毛泽东思想、邓小平理论、"三个代表"重要思想、科学发展观为指导,沿着中国特色社会主义道路,按照"四个全面"战略布局,弘扬伟大的爱国主义精神,弘扬伟大的抗战精神,万众一心,风雨无阻,向着我们既定的目标继续奋勇前进!

让我们共同铭记历史所启示的伟大真理:正义必胜!和平必胜!人民必胜!

(摘自2015年9月3日习近平在纪念抗日战争暨世界反法西斯战争胜利七十周年大会上的讲话)

 **赏析**

铭记历史、缅怀先烈、珍爱和平、开创未来。习近平主席在纪念抗日战争暨世界反法西斯战争胜利七十周年大会上的讲话,回顾了中华民族在抗日战争和世界反法西斯战争中不屈不挠、浴血奋战的历史,以及做出的伟大牺牲,强调为了和平,我们要牢固树立人类命运共同体意识。在当今世界复杂多变的形势下,讲话具有非常重要的现实意义。

等着我吧

等着我吧——我会回来的。
只是你要苦苦地等待,
等到那愁煞人的阴雨

勾起你的忧伤满怀,
等到那大雪纷飞,
等到那酷暑难挨,
等到别人不再把亲人盼望,
往昔的一切,一股脑儿抛开。
等到那遥远的他乡
不再有家书传来,
等到一起等待的人
心灰意懒——都已倦息。

等着我吧——
我会回来的。
不要祝福那些人平安:
他们口口声声地说——
算了吧,等下去也是枉然!
纵然爱子和慈母认为——
我已不在人间,
纵然朋友们等得厌倦,
在炉火旁围坐,
啜饮苦酒,把亡魂追荐……
你可要等下去啊!千万
不要同他们一起,
忙着举起酒盏。

等着我吧 ——
我会回来的。
死神一次次被我挫败!
就让那不曾等待我的人
说我侥幸——感到意外!

那没有等下去的人不会理解——
亏了你的苦苦等待,
在炮火连天的战场上,
从死神手中,是你把我拯救出来。
我是怎样死里逃生的,
只有你和我两个人明白———
只因为同别人不一样,
你善于苦苦地等待。

(作者:[俄]西蒙诺夫)

这首写于苏联卫国战争时期的作品,曾感动过千千万万的人。它异乎寻常的强烈、执着的情感,使任何人读了之后都会受到触动。

从诗中,我们感觉到自始至终有一种呼唤的声音,穿过遥远的距离和内心的阵阵寒冷,不断地向爱人传递。他没有描绘枪林弹雨,也不以战壕中的潮湿、饥饿,甚至身受的伤痛为虑,他的心思在爱人那边,总惦念她可能遭受的凄雨霜风和忧愁牵挂。正义的战争必胜,他坚信不疑。战争是死地,胜利总要用鲜血来换取,这一点谁都明白。既然是责任,那就别无选择,但用生的可能排斥死的可能,这是所有参战者共同的心理。

诗篇回旋往复,一次次呼唤,带着言辞之外的恳求,兵士的求生祈愿与亲人盼归的渴望在诗里紧紧地融合，强烈的情绪因战火的无情、结果的难以预卜而化为复杂的低吟。

含英咀华 ★★★★★

由"画中之竹"看"胸中之意"
—— 《人民解放军百万大军横渡长江》细读

《人民解放军百万大军横渡长江》（以下简称《横渡长江》）是毛泽东的经典新闻篇章之一，多年来也被选入多个版本的初中语文教材。苏轼在《文与可画筼筜谷偃竹记》中写道："故画竹，必先得成竹于胸中，执笔熟视，乃见其所欲画者，急起从之，振笔直遂，以追其所见，如兔起鹘落，少纵则逝矣。"这是从作画角度说的，作文亦应如此。基于此，本文拟从以下三个角度解读《横渡长江》一文。

一、看"画中之竹"——《横渡长江》写出了什么

人民解放军百万大军渡江战斗两天时间就取得了基本胜利，如何通过报道这件事来增强人民打倒国民党反动派的信心，打击敌人的士气呢？毛泽东不愧是文章圣手，将强大的气势寓于貌似平时的文字，通过定"势"、破"势"、诠"势"巧妙地再现了人民解放军势如破竹的渡江过程，暗示胜利必将属于共产党和人民大众。

1. 标题：定"势"。定"势"，即定下气势。也就是说标题"人民解放军百万大军横渡长江"，给文章定下了雄伟壮丽的气势。这体现在：首先，"人民解放军百万大军"其数量之巨、规模之大，让人惊叹。再看"横渡"，横，即横渡、横越。横和渡的是江、河、湖等非常宽广的事物，这需要付出极大的努力才能克服其中的重重困难与险阻，故"横渡"一词本身能给人以磅礴恢宏气势的联想。而"渡过""过"等词则不具备这样的字面联想意义。此外，"横渡"表示的是从一个地方到另一个地方的过程，故本文所记述的应是人民解放军渡江过程中的消息。由此，标题能让人产生无限联想和想象：百万大军，在浩瀚的长江上，冒着枪林弹雨，千帆竞发，劈波斩浪，这画面是何其壮观，何其雄伟；枪声、炮声、波浪声、喊杀声、飞机声，万声齐聚，这首英雄交响曲是何等气魄，何等震撼！真乃史诗也。

2. 导语、过渡语：破"势"。破"势"，说出"势"的表现。这里的"破"，是说破的意思。标题只是告诉我们人民解放军百万大军英勇渡江这个信息，还过于笼统：长江绵延三千公里，

在何处渡江,渡江结果怎样等等,都无从知晓。毛泽东深谙读者心里,于是在正文开头——导语部分"破势":"人民解放军百万大军,从一千余华里的战线上,冲破敌阵,横渡长江。""一千余华里",点出渡江范围之长。过渡语"西起九江(不含),东至江阴,均是人民解放军的渡江区域",指出起点终点,使范围更加明确具体;同时,也点扣题目"横"(古代东西为横,南北为纵)字。这是从空间角度来解释"势"的。"冲破敌阵",点出渡江的结果。人民解放军冲破敌人的碉堡、船舰、飞机的陆海空的立体防御,可以想见我军进攻之快速,攻势之凌厉,力量之强大。这与下文"和中路军所遇敌情一样,我西路军当面之敌亦纷纷溃退,毫无斗志,我军所遇之抵抗,甚为微弱"相呼应。

3. 主体:诠"势"。诠者,详细解释、说明也。导语部分对"势"做了简单的说明,但还比较模糊,不够具体,缺少形象感,故需进一步诠释。于是,作者对中、西、东三路军渡江时间、地段、人数、占领或进发的军事要塞等情况分别加以说明。各路军分别在短短的一天左右的时间内,大部分都已渡过长江,分别占领或抵达众多城镇:中路军"突破安庆、芜湖线,渡至繁昌、铜陵、青阳、荻港、鲁港地区",西路军"已占领贵池、殷家汇、东流、至德、彭泽之线的广大南岸阵地,正向南扩展中",东路军"占领扬中、镇江、江阴诸县的广大地区,并控制江阴要塞,封锁长江"。就地名本身来说,这一个个城镇是单独的点,它从量上对"势"加以强化;但这些城镇又各有辖区,故又是面,这就从面上使"势"得以具化。在此基础上,作者把敌我双方士兵在战场上的表现加以对比,从士气上来写"势"。中、西路军所遇之敌"纷纷溃退,毫无斗志",抵抗"甚为微弱";东路敌人虽有"较为顽强抵抗",但经过整天激战,已被歼灭和击溃。败了弱敌,克了强敌,足见人民解放军之英勇善战,所向披靡,势不可当。

二、由"画中之竹"看"所欲画者"——《横渡长江》为什么这样写

首先,作者在消息头"新华社长江前线 22 日电"中为什么要加"22时"?须知,22 时对当代人来说已经不早,对那个年代的人就更晚了。这里需要综合考虑,这时渡江作战"所有预定计划,都已实现",已取得基本胜利,一切尽在掌控之中。毛泽东,作为人民解放军渡江作战的最高统帅,"胸中之竹"也已成"画中之竹",胜利后的兴奋喜悦之情不能自已。俗话说,独乐乐不如众乐乐，且这次胜利对解放全中国有着非凡的意义，更有"当惊世界殊"的意味。故他意识到应及时把此消息发布出去，鼓舞士气，振作精神，提高百姓对中国共产党统一中国的信心，并为世界无产阶级革命的发展注入新的动力。所以"22时"这个时间点的丰富意蕴若不被发掘出来，作者的一番良苦用心也就白白被浪费掉了。另外，正因为兴奋，正因为这胜利来得迅速，正因为这胜利的意义非同寻常，所以作者没有采用"金字塔式""散文式"的新闻结构，而采用了"倒金字塔与金字塔结合式"，即：在导语部分把最核心的内容用最简洁的语言呈现给读者，让读者最快知道结果——"人民解放军百万大军……冲破敌阵，横渡长江"，这符合广大读者的阅读心理；然后，在主体部分，按照渡江时间顺序、辅以进攻情况异同来结构全文，先写中路军，再写西路军，最后写东路军。此伏彼起，由弱到强，文章富有节奏感。在叙述三路军渡江的时间、地点、人数等相同内容时，作者调整了它们的先后顺序，使得文章错落有致，不呆板，富有美感。

三、由"画中之竹"看"胸中丘壑"——《横渡长江》这样写表现了毛泽东怎样的气度与情怀

短短600多字的消息，包含如此丰富的内容，让人叹服。虽为消息，读来并无严肃呆板之感，反而令人倍感亲切。你看，长句短句参差交错，节奏鲜明；写自己人"英勇善战""锐不可当"等赞美之词脱口而出，写敌人"纷纷溃退""毫无斗志"等轻蔑之语信手拈来，甚是快意；细数中、西、东三路军的作战起止时间、出发和占控地点、渡江人数等，如数家珍，如在目前，一切了然于胸；"所有预定计划，都已实现"，可见出其远见卓识、超绝的军事才能，看出他是何等的自信与豪迈，也可感受到他舍我其谁的霸气。也正因为他有过人的文采，指点江山的王者气概与韬略，才能写就气势如此雄壮之文。

综上，毛泽东用"倒金字塔与金字塔结合式"结构全文，由果及因、由事及人的独特叙事方式，不仅快捷地传达了渡江战斗的进展情况，起到了很好的宣传鼓舞作用，也彰显出其王者气度与风范。它和《中原我军解放南阳》等文章奠定了"新华体"的消息结构模式。

（作者：钟立英；选自《中学语文教学》
2012年第9期，有删节）

读写津梁

如何写好"新闻写作"中的"消息"

21世纪人称"信息时代"。这个时

代什么最重要？毋庸置疑——信息，信息比金子还可贵。而要知道信息，传播信息，就离不开"消息"。

作为一种特殊的体裁，它也是"个性十足"。

最大的"货真价实"——真实准确

毫不夸张地说，真实准确是"消息"的命脉，有了它，"消息"才有意义。所以，"消息"的写作，应立足于事实，让事实说话，切不可添枝加叶，也不可移花接木，将自己的喜好强加于事实之上，更不可捏造、虚构故事。构成"消息"的事实，包括人物、事情、时间、地点以至每个细节，都必须完全真实，确凿无误，是名副其实的"货真价实"。比如，有人为了渲染场面的宏大，事实是三百人，他却硬说成是五百人，这就是假新闻。

超短的"保质期"——迅速及时

"消息"是新闻的一种。资深新闻人胡乔木曾说过："新闻的发表不光是论日子，而且要论钟点。""今天的新闻是金子，昨天的新闻是银子，前天的新闻是垃圾"，我们要善于抓住生活中的新元素，比如新人、新事、新风尚，必须敏锐发现，尽快把握，迅速反映，否则就是"旧闻"了。很多重大新闻往往在时间上都精确到点，比如有关香港回归的报道，"新华社香港7月1日凌晨电"即是明证。现在更有实时新闻，直播新闻，这都是讲求一个"迅速及时"。

童话中的"小矮人"——短小精悍

写"消息"，最怕成为老太婆的裹脚布——又臭又长，这是由"消息"的上述两个特点决定的。我们写作时应以叙述为主，叙述努力做到：概括而不抽象，简洁而不疏漏。取材要典型，能"以一当十"，用词造句要概括精练，除了必须交代的时间、地点、人物、结果、意义外，事件发生的环境、条件和过程只需要写出一个轮廓。比如《人民解放军百万大军横渡长江》写的是多大的事啊，可语言却很简洁。

别致的模样儿——"倒金字塔"结构

"消息"一般包括标题、导语、主体、背景、结尾几个部分。这几个部分写作时可不能平分笔墨，此时咱们应该学会"偏心眼"。那偏向谁？

想想平时，我们自己阅读报刊和浏览网上的信息是不是常常有这样一个体会——我们只是看一下它的标题、导语，就很少再读下去。所以在写作时，最重要、最关键的内容必须在"消息"的标题和导语部分，不卖什么关子，和盘托出。这就形成了"消息"的一种别致的模样——"倒金字塔"结构。

标题一定要醒目。如《人民解放军百万大军横渡长江》这一标题就很醒目：它对新闻内容做了准确的浓缩和概括，不仅写了对象和事件，而且写出了气势，非常具有感染力。

导语要简洁。应将"最重要、最新鲜、最吸引人的事实放在最前面"，让读者能"一睹为快"。导语的形式有叙述式、描写式、引语式、提问式、评论式几种，但无论哪种，变的是形式，不变的是语言的简洁明了。

至于背景、结语则当有就有，不必强求一定要有。

（作者：汤春权）

叶圣陶：作文要说真话

叶圣陶是中国现代著名的文学家、出版家。他的长篇小说《倪焕之》、童话集《稻草人》在读者中产生了广泛而深远的影响。叶圣陶还是一位德高望重的教育家，他担任过小学、中学、大学教师，桃李满天下。他在语文教育领域，无论是理论还是实践，都做出了不可磨灭的贡献。他的语文教育思想可用"博大精深，纵贯古今，横通中外，中国特色"十六个字来概括。

1979年4月下旬，我怀着对叶老崇敬的心情来到他在北京东四八条的寓所，请他为我们几位同仁创办的《学作文》报题词。叶老当时已是85岁高龄，视力很差。为了语文教育事业，他左手拿着放大镜，右手握着毛笔，十分工整地写下了朴实无华、发人深省的肺腑之言："作文是用笔来说话。作文要说真话，说实在的话，说自己的话，不要说假话，说空话，说套话。"这既是对"十年动乱"盛行的说假话、说空话、说套话的不良文风的有力批判，又为广大中小学生作文指出了正确的方向。我们把叶老的题词刊登在《学作文》创刊号上，叶老的题词给这个新生刊物的编者、作者、读者以很大的鼓舞和鞭策。

叶老关于作文训练的教育思想是一贯的。1980年国庆节，他为《作文选读》题词："作文课是练习用自己的话表达自己要说的意思。模仿不是好办法，抄袭是自己骗自己。我恳切希望小朋友们记住这两点。"1982年9月13日，叶老在"外空探索"征文发奖会上说："作文不是生活的点缀，而是生活的必需。说话、作文必须老实，又必须说得清楚，写得明白。如果说虚假的话，那是不道德的。……作文是一个学生各科学习成绩、各项课外活动以及平时思想品德的综合表现。"1983年1

月，在接受记者采访时，叶老谈到1982年高考作文题目《先天下之忧而忧，后天下之乐而乐》时，再次强调：要作文，更要做人；临场作文也要提倡说真话，说实在的话，说自己的话，反对言不由衷，用假话骗人。

叶老不仅重视端正文风，而且十分关心端正字风，端正学风，培养良好的学习态度。他在《改变字风》一文中说："学生写字大多潦草，也是人们常常皱着眉头说起的。……必须赶快改变这个局面，造成写字端正的风气。""所谓端正字风，说得具体些，无非个个字笔画清楚，间架匀称，整幅字行款整齐而已。"他还指出：写字潦草，不仅是写字的问题，而且是学习态度的问题；端正不够严肃认真的学习态度，自然会把字写好。

叶老特别强调，学习语文要养成良好的习惯。他说："语言文字的学习，就理解方面说，是得到一种知识；就运用方面说，是养成一种习惯。……语言文字的学习，出发点在'知'，而终极点在'行'，到能够'行'的地步，才算具有这种生活的能力。"（《略谈学习国文》）他列举了良好的阅读习惯，包括查阅工具书，做卡片、文摘，从内容到形式做分析解剖，提要钩玄，把握要旨，读书的序跋、看目录，培养语感，辨察言外之意，发现并指出文中疏漏或错失，写读书笔记，设疑置问，咬文嚼字等；良好的写作习惯包括精密观察并仔细认识生活，有条有理的推理、判断，正确的语言表达，先写提纲，认真修改，说真话、实话等；养成良好的听话和说话的习惯包括准确无误地听取人家的话，恰当地评判人家的话，用恰当的话表白自己的意见，平心静气地进行讨论等。他在《认真学习语文》中语重心长地说："好习惯养成了，一辈子受用；坏习惯养成了，一辈子吃亏，想改也不容易。"

叶圣陶的语文教育思想，反映了语文学习的客观规律。如果我们认真地按照叶老的话去做，那么，一定会大幅度地提高语文学习的质量。

（原载于《语文快餐》）

文史广角

毛泽东几篇新闻稿吓退敌军

1948年10月下旬，正当全国各战场捷报频传的时候，有情报称，北平的敌军傅作义部欲偷袭石家庄，窜扰驻扎在西柏坡村的中共中央机关。原来，敌人获悉人民解放军华北野战军主力集中在张家口一线作战，保定到石家庄一线兵力薄弱后，妄图通过偷袭石家庄、威胁中共中央机关的办法来涣散军心。

得到情报后,毛泽东于10月25、27、29、31日,每隔一天就为新华社写一篇稿件,通过播报新闻稿,导演了一出"空城计"。特别是消息《华北各首长号召保石沿线人民准备迎击蒋傅军进扰》和述评《评蒋傅军梦想偷袭石家庄》,各用了数百字,就把敌人面临垂死挣扎的局势,偷袭石家庄的真实企图、具体部署和后顾之忧,说得一清二楚。他在《评蒋傅军梦想偷袭石家庄》的最后一段写道:"这里发生一个问题:究竟他们要不要北平?现在北平是这样的空虚,只有一个青年军二〇八师在那里……"稿件播出后,傅作义大吃一惊:偷袭意图败露,且新华社的新闻又点到了他"老窝"空虚的要害。他不得不将正在奔袭途中的大军撤回。

而这边,毛泽东在写完新闻稿后,便密切关注傅作义的反应,他在29日给胡乔木的一封信中谈道:"我第一次口播已见效,九十四军长郑挺锋27日21时告傅作义称:昨收听广播得知对方对本军此次袭击石门行动,似有警惕。广播谓本军附新二军两师拟袭石门。彼方既有所感,必然预有准备,袭击恐难收效。"

(作者:朱冬菊;选自《北京晚报》)

抗战期间中国损失调研

2015年7月14日上午,在国务院新闻办举行的吹风会上,中国社会科学院近代史研究所所长王建朗,以数据和理论研究成果介绍中国在世界反法西斯战争中的贡献。

王建朗为现场记者提供了一组基本数据:

日本投降前夕,日军在中国战场兵力为186万人,其海外总兵力358万人,在华兵力占其海外总兵力的50%以上;抗日战争中,中国军队毙伤俘日军150余万;抗日战争中,中国军民伤亡3500万以上,其中军队伤亡380余万,占各国伤亡人数总和的1/3;按照1937年比价,中国官方财产损失和战争消耗达1000多亿美元,间接经济损失达5000亿美元。

据中共中央党史研究室原副主任李忠杰介绍,从2004年10月开始,中央党史研究室组织全国党史部门和其他部门单位的有关人员,对"抗日战争时期中国人口伤亡和财产损失"情况进行大规模的调研。

全部调研成果,编纂成《抗日战争时期中国人口伤亡和财产损失调研丛书》,分为A、B两个系列,陆续分批出版，总数300本左右。

第一批调研成果已于2014年9月出版，共5类46册。这次出版的第二批包括12本省卷，集中反映各行政区域内日本侵略造成的中国人口伤亡和财产损失。

第二批丛书还包括4本专题性的研究成果，即《日本侵华细菌战研究报告》《抗战期间中国劳工伤亡调查》《抗战期间海外华侨人口伤亡和财产损失》《抗日战争中国军队伤亡调查》。

（选自2015年7月13日《广州日报》）

趣味语文

胸罗文章兵百万
——毛泽东怎样写新闻、用新闻

什么是新闻？新闻是受众关心的新近发生的事实的信息传递。

毛泽东领导中国人民进行伟大的解放事业，无时不在发生重大事件，又无时不受到解放区内外、国内外受众的关注。连斯诺这样的西方记者也要突破千重阻隔来报道毛泽东和他的事业。写新闻本来不该是毛泽东或政治领袖们干的事情，他们是新闻的主体，是创造时势的英雄，是被采访的对象，国家领袖亲自上阵写新闻的也确实少见。但毛泽东要亲自捉刀，而且还留下了至少52篇写作和修改的新闻作品。这在中外政治史和新闻史上也是罕见的一例。

毛泽东怎样写新闻？有两个鲜明的特点，一是讲政治，有高度，有气势，留下了时代印痕；二是语言生动、简洁，有个性。说到底是杀鸡用牛刀，冰山露一角，这是一个政治家、文学家在借媒体的一角来做文章。本来新闻这个行当有两个重要的助手：政治和文学。毛泽东政治引领，文学润色，这新闻以外的功夫，不是普通记者、报人所能比的。

毛泽东的军事新闻稿都是用来长我志气、瓦解敌军、扭转形势的，有极强的指向性，在这里他使用新闻要素（军情）如同用兵。相信每读到稿中一个被歼灭的敌军番号，我军民都为之一跃，而蒋介石则心中一阵剧痛。用事实说话，这就是新闻的力量，也正如毛泽东在《政治周报发刊理由》中连说的四个"请看事实"。

长期以来我们的消息、广播，读来、听来都是一个味，谓之"新华体"，没有了个性。我们常说"文如其人"，语言就是作者的镜子，能照见他的风采。毛泽东的新闻语言简练、通俗。这也是新闻写作最基本的要求，但又是最难的，难在出新，难在简练、通俗共性之下的个性。新闻语言有两个源头，一是电报语，要求简而明。因为当初报纸的消息都是电稿，以字算钱，不能奢侈，逼你精短。二是口头语，消息要读，要听，要求通俗。可惜"经院派""新华体"都做不到这一点。

毛泽东古文底子深，长期以电文指导战争和工作，惜墨如金，数字如珠；又长期与干部、战士、农民生活在一起，声息相通，言语交融。难得他能将这二者完美地结合。如"锦州攻克，长春解放，该敌走投无路，全部猬集黑山、北镇、打虎山地区，企图逃跑。我军迅移锦州得胜之师回头围歼，飞将军从天而降，使该敌逃跑也来不及"。

这两句基本上是古文、电文的味道，特别如"猬集黑山""迅移锦州""飞将军从天而降"更有书卷气，但到最后一句落地"该敌逃跑也来不及"则完全是口语，真是大俗大雅。

类似的句式在其他新闻稿中还有不少，如"敌亦纷纷溃退，毫无斗志，我军所遇之抵抗，甚为微弱。此种情况，一方面由于人民解放军英勇善战，锐不可当；另一方面，这和国民党反动派拒绝和平协定，有很大关系。国民党的广大官兵一致希望和平，不想再打了，听见南京拒绝和平，都很泄气"

（《人民解放军百万大军横渡长江》）。这就是毛泽东新闻稿的魅力，严肃时如宣言，平易处像说话，以叙述为主，却注满感情，"工人、农民读了不觉为深，专家教授读了不觉为浅"，这种语言的功夫有几人能够？

（作者：梁衡；选文有删节）

消息中的新闻场面

消息中的新闻场面具有很强的表现功能和独特的审美功能。消息中新闻场面有如下几种：

一是人物场面，即以新闻人物自身的行为活动为主的场面，它主要通过新闻人物来展示新闻消息中现场的面貌情景。如新华社纽约1999年1月1日的《桑兰点亮纽约新年》："仍在纽约养伤的桑兰，坐着轮椅来到广场旁边的一家饭店。她面露微笑，不时举手向人们致意，并用英语说'新年快乐'！"新闻人物我国体育明星桑兰在美国纽约过新年的生活场面如在我们眼前，既生动，又具体，栩栩如生。

二是事件场面，即以展示新闻事实发生过程中富有典型意义和价值的事件场景为主，此事件场面具有揭示新闻主题的作用。如《长江日报》1985年3月17日的消息《港十五码头服务员蛮

横粗野 市长清晨出访备尝旅客之苦》:"'看看!省委书记来看都不怕,莫说你。记住,我是××号!'这位服务员拍起胸来。另一名服务员一边把手里的剪刀等物塞过来,一边嚷:'站在这里想收票?剪刀给你,给你!也不看看你那个样子!'几名刚才不理旅客的服务员呼地拥过来……"时任武汉市长在码头挨骂的情景,历历在目。

三是景物场面,即记者通过对新闻景物场面的描写,凸显自然风光和人造风景的鬼斧神工的来之不易,从而彰显了景物之外消息的新闻价值。如新华社1961年9月9日的《洪湖水上秋色好 社员采菱挖藕忙》:"最有趣的是小巧的采莲船,它宛如一个梭子敏捷地穿过绿色莲丛,将湖水漾起微波,荷叶也随之婆娑起舞。……傍晚,湖水映着落日余晖,泛起一层金色,满载莲子、菱角归来的船只,远远望去犹如鸭群游动,把水面打起粼粼波光。"洪湖丰收季节的一派湖光山色,尽收眼底。

四是生活场面,记者通过对人们生活场所的变化描写来表现新闻事实的价值和意义,既突出了新闻的现场感,也揭示了新闻的主题。如《羊城晚报》1982年12月21日的消息《大寨不吃大锅饭了》:"我们在大寨村里转了一圈,看到社员的家庭副业现在也开始活跃起来,许多社员家门口有了鸡窝、兔笼,不少户还圈起了猪圈。"目击式的新闻场面使富裕起来的大寨人民的幸福生活历历在目,这也是大寨改革的成果和变化。

五是特写场面,它不同于新闻特写,它抓住新闻事实中最能反映其特点或本质的典型细节作形象化的描写,从而再现新闻场景,提升消息的新闻价值。如美联社联合国2000年9月6日消息《举"重"若"轻"》:"这位以发表8小时、甚至更长时间的长篇讲话闻名的古巴领导人走上讲台,掏出一条白手帕,遮住提醒发言者5分钟时限临近的灯光,引起很多与会者哈哈大笑。他在规定的5分钟内讲完了话,收起手帕离开讲台,台下又发出一片笑声。"这是联合国千年首脑会议上的一幕令人难忘的情景,卡斯特罗那有趣的幽默动作似乎就在眼前。

(作者:丁为苍)

二 把人生的石级踩成琴键

人的一生，就是一段旅途。在生命的旅途中，会有一些人陪伴你走过不同的旅程。这些人，或深或浅地留在了你记忆的长河里，就像一些闪光的鹅卵石，在不同的河段，点缀了你生命的河流。河流的流向、深浅甚至清澈与否，都受到了这些鹅卵石的影响。于是，在某个雨打芭蕉的深夜，在某个落花时节的午后，我们又一次想起了她……但是，亲爱的孩子，任何人无论对我们多么重要，终究不能陪伴我们走完全程，路在脚下，只能自己走……

主题阅读

合欢树

世界上有一种最美丽的声音，那便是母亲的呼唤。　　——但　丁

10岁那年，我在一次作文比赛中得了第一。母亲那时候还年轻，急着跟我说她自己，说她小时候的作文作得还要好，老师甚至不相信那么好的文章会是她写的。"老师找到家来问，是不是家里的大人帮了忙。我那时可能还不到10岁呢。"我听得扫兴，故意笑："可能？什么叫'可能还不到'？"她就解释。我装作根本不在意她的话，对着墙打乒乓球，把她气得够呛。不过我承认她聪明，承认她是世界上长得最好看的女的。那时，她正给自己做一条蓝底白花的裙子。

史铁生

我20岁时，我的两条腿残废了。除去给人家画彩蛋，我想我还应该再干点别的事，先后改变了几次主意，最后想学写作。母亲那时已不年轻，为了我的腿，她头上开始有了白发。医院已明确表示，我的病目前没法治。母亲的全副心思却还放在给我治病上，到处找大夫，打听偏方，花了很多钱。她倒总能找来些稀奇古怪的药，让我吃，让我

二　把人生的石级踩成琴键

喝，或是洗、敷、熏、灸。"别浪费时间啦，根本没用！"我说。我一心只想着写小说，仿佛那东西能把残疾人救出困境。"再试一回，不试你怎么知道会没用？"她每说一回都虔诚地抱着希望。然而对我的腿，有多少回希望就有多少回失望。最后一回，我的胯上被熏成烫伤。医院的大夫说，这实在太悬了，对于瘫痪病人，这差不多是要命的事。我倒没太害怕，心想死了也好，死了倒痛快。母亲惊惶了几个月，昼夜守着我，一换药就说："怎么会烫了呢？我还总是在留神呀！"幸亏伤口好起来，不然她非疯了不可。

后来她发现我在写小说。她跟我说："那就好好写吧。"我听出来，她对治好我的腿也终于绝望。"我年轻的时候也喜欢文学，跟你现在差不多大的时候，我也想过搞写作。你小时候的作文不是得过第一吗？那就写着试试看。"她提醒我说。我们俩都尽力把我的腿忘掉。她到处去给我借书，顶着雨或冒着雪推我去看电影，像过去给我找大夫、打听偏方那样，抱了希望。

30岁时，我的第一篇小说发表了，母亲却已不在人世。过了几年，我的另一篇小说也获了奖，母亲已离开我整整7年了。

获奖之后，登门采访的记者就多。大家都好心好意，认为我不容易。但是我只准备了一套话，说来说去就觉得心烦。我摇着车躲了出去，坐在小公园安静的树林里，想：上帝为什么早早地召母亲回去呢？迷迷糊糊的，我听见回答："她心里太苦了。上帝看她受不住了，就召她回去。"我的心得到一点安慰，睁开眼睛，看见风正在树林里吹过。

我摇车离开那儿，在街上瞎逛，不想回家。

母亲去世后，我们搬了家。我很少再到母亲住过的那个小院子去。小院在一个大院的尽里头，我偶尔摇车到大院儿去坐坐，但不愿意去那个小院子，推说手摇车进去不方便。院子里的老太太们还都把我当儿孙看，尤其想到我又没了母亲，但都不说，光扯些闲话，怪我不常去。我坐在院子当中，喝东家的茶，吃西家的瓜。有一年，人们终于又提到母亲："到小院子去看看吧，你妈种的那棵合欢树今年开花了！"我心里一阵抖，还是推说手摇车进出太不易。大伙就不再说，忙扯到别的，说起我们原来住的房子里现在住了小两口，女的刚生了个儿子，孩子不哭不闹，光是瞪着眼睛看窗户上的树影儿。

我没料到那棵树还活着。那年，母亲到劳动局去给我找工作，回来时在路边挖了一棵刚出土的绿苗,以为是含羞草,种在花盆里,竟是一棵合欢树。母亲从来喜欢那些东西,但当时心思全在别处,第二年合欢树没有发芽,母亲叹息了一回,还不舍得扔掉,依然让它留在瓦盆里。第三年,合欢树不但长出了叶子,而且还比较茂盛。母亲高兴了好多天,以为那是个好兆头,常去侍弄它,不敢太大意。又过了一年,她把合欢树移出盆,栽在窗前的地上,有时念叨,不知道这种树几年才开花。再过一年,我们搬了家,悲哀弄得我们都把那棵小树忘记了。

与其在街上瞎逛,我想,不如去看看那棵树吧。我也想再看看母亲住过的那间房。我老记着,那儿还有个刚来世上的孩子,不哭不闹,瞪着眼睛看树影儿。是那棵合欢树的影子吗?

院子里的老太太们还是那么喜欢我,东屋倒茶,西屋点烟,送到我跟前。大伙都知道我获奖的事,也许知道,但不觉得那很重要;还是都问我的腿,问我是否有了正式工作。这回,想摇车进小院儿真是不能了。家家门前的小厨房都扩大了,过道窄得一个人推自行车进去也要侧身。我问起那棵合欢树,大伙说,年年都开花,长得跟房子一样高了。这么说,我再看不见它了。我要是求人背我去看,倒也不是不行。我挺后悔前两年没有自己摇车进去看看。

我摇车在街上慢慢走,不想急着回家。人有时候只想独自静静地待一会。悲伤也成享受。

有那么一天,那个孩子长大了。会想起童年的事,会想起那些晃动的树影儿,会想起他自己的妈妈。他会跑去看看那棵树。但他不会知道那棵树是谁种的,是怎么种的。

(作者:史铁生;选自《中国散文鉴赏文库》)

 **赏析**

"合欢树"的内涵十分丰富,充分体现了作者巧妙的艺术匠心。它也曾经弱不禁风,宛然是作者现实生命的投影;它也曾承受着母亲的关爱,寄寓着母亲对儿子不便言明的希望。而在作者看来,浸润着母亲手泽的合欢树是母爱的一种象征。面对合欢树,作者既渴望与之亲近,却又清楚母亲早已离去,它永远无法替代母亲。所以,想去看合欢树,又终未成行,对母亲复杂的怀念之情跃然纸上。

我的母亲

母亲的娘家是北平德胜门外，土城儿外边，通大钟寺的大路上的一个小村里。村里一共有四五家人家，都姓马。大家都种点不十分肥美的地，但是与我同辈的兄弟们，也有当兵的，做木匠的，做泥水匠的，当巡察的。他们虽然是农家，却养不起牛马，人手不够的时候，妇女便也须下地做活。

对于姥姥家，我只知道上述的一点。外公外婆是什么样子，我就不知道了，因为他们早已去世。至于更远的族系与家史，就更不晓得了；穷人只能顾眼前的衣食，没有工夫谈论什么过去的光荣；"家谱"这字眼，我在幼年就根本没有听说过。

老 舍

母亲生在农家，所以勤俭诚实，身体也好。这一点事实却极重要，因为假若我没有这样的一位母亲，我以为我恐怕也就要大大地打个折扣了。

母亲出嫁大概是很早，因为我的大姐现在已是六十多岁的老太婆，而我的大外甥女还长我一岁啊。我有三个哥哥，四个姐姐，但能长大成人的，只有大姐、二姐、三姐、三哥与我。我是"老"儿子。生我的时候，母亲已有四十一岁，大姐、二姐已都出了阁。

由大姐与二姐所嫁入的家庭来推断，在我生下之前，我的家里，大概还马马虎虎的过得去。那时候订婚讲究门当户对，而大姐丈是做小官的，二姐丈也开过一间酒馆，他们都是相当体面的人。

可是，我，我给家庭带来了不幸：我生下来，母亲晕过去半夜，才睁眼看见她的老儿子——感谢大姐，把我揣在怀中，致未冻死。

一岁半，我把父亲"克"死了。

兄不到十岁，三姐十二三岁，我才一岁半，全仗母亲独力抚养了。父亲的寡姐跟我们一块儿住，她吸鸦片，她喜摸纸牌，她的脾气极坏。为我们的衣食，母亲要给人家洗衣服，缝补或裁缝衣裳。在我的记忆中，她的手终年是鲜红微肿的。白天，她洗衣服，洗一两大绿瓦盆。她做事永远丝毫也不敷衍，就是屠户们送来的黑如铁的布袜，她也给洗得雪白。晚间，她与三姐抱着一盏油灯，还要缝补衣服，一直到半夜。她终年没有休息，可是在忙碌中她还把院子屋中收拾得清清爽爽。桌椅都是旧的，柜门的铜活久已残缺不全，可是她的手老使破桌面上没有尘土，残破的铜活发着光。院中，父亲遗留下的几盆石榴与夹竹桃，永远会得到应有的浇灌与爱护，年年夏天开许多花。

哥哥似乎没有同我玩耍过。有时候，他去读书；有时候，他去学徒；有时候，他也去卖花生或樱桃之类的小东西。母亲含着泪把他送走，不到两天，又含着泪接他回来。我不明白这都是什么事，而只觉得与他很生疏。与母亲相依为命的是我与三姐。因此，她们做事，我老在后面跟着。她们浇花，我也张罗着取水；她们扫地，我就撮土……从这里，我学得了爱花，爱清洁，守秩序。这些习惯至今还被我保存着。

有客人来，无论手中怎么窘，母亲也要设法弄一点东西去款待。舅父与表哥们往往是自己掏钱买酒肉食，这使她脸上羞得绯红，可是殷勤地给他们温酒做面，又给她一些喜悦。遇上亲友家中有喜丧事，母亲必把大褂洗得干干净净，亲自去贺吊——份礼也许只是两吊小钱。到如今如我的好客的习性，还未全改，尽管生活是这么清苦，因为自幼儿看惯了的事情是不易改掉的。

姑母常闹脾气。她单在鸡蛋里找骨头。她是我家中的阎王。直到我入了中学，她才死去，我可是没有看见母亲反抗过。"没受过婆婆的气，还不受大姑子的吗？命当如此！"母亲在非解释一下不足以平服别人的时候，才这样说。是的，命当如此。母亲活到老，穷到老，辛苦到老，全是命当如此。她最会吃亏。给亲友邻居帮忙，她总跑在前面：她会给婴儿洗三——穷朋友们可以因此少花一笔"请姥姥"钱——她会刮痧，她会给孩子们剃头，她会给少妇们绞脸……凡是她能做的，都有求必应。但是吵嘴打架，永远没有她。她宁吃亏，不斗气。当姑母死去的时候，母亲似乎把一世的委屈都哭了出来，一直哭到坟地。不知道哪里来的一位侄子，声称有承继权，母亲便一声不响，教他搬走那些破桌子烂板凳，而且把姑母养的一只肥母鸡也送给他。

可是，母亲并不软弱。父亲死在庚子闹"拳"的那一年。联军入城，挨家搜索财物鸡鸭，我们被搜两次。母亲拉着哥哥与三姐坐在墙根，等着"鬼子"进门，街门是开着的。"鬼子"进门，一刺刀先把老黄狗刺死，而后入室搜索。他们走后，母亲把破衣箱搬起，才发现了我。假若箱子不空，我早就被压死了。皇上跑了，丈夫死了，鬼子来了，满城是血光火焰，可是母亲不怕，她要在刺刀下，饥荒中，保护着儿女。

北平有多少变乱啊，有时候兵变了，街市整条地烧起，火团落在我们院中。有时候内战了，城门紧闭，铺店关门，昼夜响着枪炮。这惊恐，这紧张，再加上一家饮食的筹划，儿女安全的顾虑，岂是一个软弱的老寡妇所能受得起的？可是，在这种时候，母亲的心横起来，她不慌不哭，要从无办法中想出办法来。她的泪会往心中落！这点软而硬的个性，也传给了我。我对一切人与事，都取和平的态度，把吃亏看作当然的。但是，在做人上，我有一定的宗旨与基本的法则，什么事都可将就，而不能超过自己划好的界限。我怕见生人，怕办杂事，怕出头露面；但是到了非我去不可的时候，我便不得不去，正像我的母亲。从私塾到小学，到中学，我经历过起码有廿位教师吧，其中有给我很大影响的，也有毫无影响的，但是我的真正的教师，把性格传给我的，是我的母亲。母亲并不识字，她给我的是生命的教育。

当我在小学毕了业的时候，亲友一致地愿意我去学手艺，好帮助母亲。我晓得我应当去找饭吃，以减轻母亲的勤劳困苦。可是，我也愿意升学。我偷偷地考入了师范学校——制服、饭食、书籍、宿处，都由学校供给。只有这样，我才敢对母亲提升学的话。入学，要交十元的保证金。这是一笔巨款！母亲作了半个月的难，把这巨款筹到，而后含泪把我送出门去。她不辞劳苦，只要儿子有出息。当我由师范毕业，而被派为小学校校长，母亲与我都一夜不曾合眼。我只说了句："以后，您可以歇一歇了！"她的回答只有一串串的眼泪。我入学之后，三姐结了婚。母亲对儿女是都一样疼爱的，但是假若她也有点偏爱的话，她应当偏爱三姐，因为自父亲死后，家中一切的事情都是母亲和三姐共同撑持的。三姐是母亲的右手。但是母亲知道这右手必须割去，她不能为自己的便利而耽误了女儿的青春。当花轿来到我们的破门外的时候，母亲的手就和冰一样的凉，脸上没有血色——那是阴历四月，天气很暖。大家都怕她晕过去。可是，她挣扎着，咬着嘴唇，手扶着门框，看花轿徐徐地走去。不久，姑母死了。三姐已出嫁，哥哥不在家，我又住学校，家中只剩母亲自己。她还须自晓至晚地操作，可是终日没人和她说一句话。新年到了，正赶上政府倡用阳历，不许过旧年。除夕，我请了两小时的假。由拥挤不堪的街市回到清炉冷灶的家中。母亲笑了。及至听说我还须回校，她愣住了。半天，她才叹出一口气来。到我该走的时候，她递给我一些花生，"去吧，小子！"街上是那么热闹，我却什么也没看见,泪遮迷了我的眼。今天,泪又遮住了我的眼,又想起当日孤独地过那凄惨的除夕的慈母。可是慈母不会再候盼着我了,她已入了土!

儿女的生命是不依顺着父母所设下的轨道一直前进的,所以老人总免不了伤心。我廿三岁,母亲要我结了婚,我不要。我请来三姐给我说情,老母含泪点了头。我爱母亲,但是我给了她最大的打击。时代使我成为逆子。廿七岁,我上了英国。为了自己,我给六十多岁的老母以第二次打击。在她七十大寿的那一天,我还远在异域。那天,据姐姐们后来告诉我,老太太只喝了两口酒,很早地便睡下。她想念她的幼子,而不便说出来。

七七抗战后,我由济南逃出来。北平又像庚子那年似的被鬼子占据了,可是母亲日夜惦念的幼子却跑西南来。母亲怎样想念我,我可以想象得到,可是我不能回去。每逢接到家信,我总不敢马上拆看,我怕,怕,怕,怕有那不祥的消息。人,即使活到八九十岁,有母亲便可以多少还有点孩子气。失了慈母便像花插在瓶子里,虽然还有色有香,却失去了根。有母亲的人,心里是安定的。我怕,怕,怕家信中带来不好的消息,告诉我已是失了根的花草。

去年一年,我在家信中找不到关于老母的起居情况。我疑虑,害怕。我想象得到,如有不幸,家中念我流亡孤苦,或不忍相告。母亲的生日是在九月,我在八月半写去祝寿的信,算计着会在寿日之前到达。信中嘱咐千万把寿日的详情写来,使我不再疑虑。十二月二十六日,由文化劳军的大会上回来,我接到家信。我不敢拆读。就寝前,我拆开信,母亲已去世一年了!

生命是母亲给我的。我之能长大成人,是母亲的血汗灌养的。我之能成为一个不十分坏的人,是母亲感化的。我的性格,习惯,是母亲传给的。她一世未曾享过一天福,临死还吃的是粗粮。唉!还说什么呢?心痛!心痛!

(作者:老舍)

赏析

作家用平实却饱含真情的文字,塑造了一个勤劳刻苦、善良宽容、乐于助人、意志坚强的母亲形象,突出表现了伟大无私的母爱,以及母亲的人格力量对作者思想性格形成的深刻影响。我觉得最触动人的还是作者对家信欲拆还休的情景,疑惑为什么在一年的家信中都找不到关于母亲起居的情况,怕母亲早已有不测,只是作者不想捅破,捅破那层似窗纸一样的念母之情。但噩耗还是传来,原来母亲已经去世有一年了。作者最后也只剩下内疚而又惋惜不已的哀痛,只能以"心痛!心痛!"来结束全文。作者在叙写个人生活经历和一些感受很深的事情时,把深沉的感情寄寓在平实简朴的语言中,读来亲切,令人动情。而最后那句"心痛!心痛!"更是被人们视为经典。

含英咀华

高山仰止,师恩永铭
——《藤野先生》人物赏析

藤野先生与鲁迅

《藤野先生》一文选自鲁迅的回忆性散文集《朝花夕拾》,讲述了一位师德高尚的日本教师如何帮助一个弱国的学生,给读者留下了深刻的印象。那么,他到底是一个怎样的老师呢?

一、生活的"模胡"与工作的"细心"

鲁迅在日本的医学导师藤野先生是一位穿着不拘小节的人,他给我们留下的第一印象是其貌不扬,并没有特别之处:"是一个黑瘦的先生,八字须,戴着眼镜,挟着一叠大大小小的书。"衣着"模胡",冬天穿旧外套,活画出一位生活俭朴、治学严谨的学者形象。随后,我们便听到了有关他的掌故:"据说是穿衣服太模胡了,有时竟会忘记带领结;冬天是一件旧外套,寒颤颤的,有一回上火车去,致使管车的疑心他是扒手,叫车里的客人大家小心些。"因穿着不讲究,竟遭人疑心了,多么"模胡"的老师。

可就是这样一位老师,却对工作极其认真,文中写道:"过了一星期,大约是星期六,他使助手来叫我了。"在很短的时间内就关注到"我",并主动问"我"上课的"讲义"能否抄下来,要"我"拿出所抄的讲义给他看,而且,"此后每一星期要送给他看一回"。对"我"的讲义呢,"从头到末,都用红笔添改过了,不但增加了许多脱漏的地方,连文法的错误,也都一一订正。这样一直继续到教完了他所担任的功课……"从这些细节中,我们看出了一位老师,对一个远道而来的学生是多么认真负责。同时精心为"我"改正解剖图,"还记得有一回藤野先生将我叫到他的研究室里去,翻出我那讲义上的一个图来,是下臂的血管……'现在我给你改好了，以后你要全照着黑板上那样的画。'"这里也体现了藤野先生对学生的严格要求和循循善诱。生活"模胡"与工作"细心"形成了鲜明的反差，很好地突出了藤野先生的高贵品质，道出了鲁迅难忘的缘由。

二、思想的"超越"与无私的"鼓励"

藤野先生是一个师德高尚的日本教师，他的思想是开明的，理念是单纯的。作为一个平民教师，他没有狭隘的民族观。面对学生，他所做的一切只有一个目的，那就是将他所热爱的医学事业发扬光大，造福全人类。为此，他表现出了不同于常人的气度与风范。他平等公正、一丝不苟，关心学生的个体差异（听说中国人敬鬼，担心鲁迅不肯上解剖课），他尊重学生（尽管为鲁迅弃医从文感到惋惜，但理解鲁迅这位弱国子民的强国梦），这些对于一个受尽了歧视和污辱的弱国留学生是多么大的鞭策和鼓舞啊。特别是在与藤野先生亲切和蔼的谈话里，我们可以体会出他既尊重学生——"这样一移，的确比较的好看些"，也尊重科学——"然而解剖图不是美术，实物是那样的，我们没法改换它"。他不仅关心鲁迅的学业，而且关心其成长中的每一个细节，为其解剖实习中的出色表现感到欣慰。

热爱学生、理解学生，鼓舞学生成长，老师的伟大也莫过于此了。

最为难能可贵的是，他能公平公正地对待一个来自弱国的学生。结合藤野先生所处的环境，这样做实在太难了。不仅如此，他还能为一个弱国学生打抱不平，这些都体现了他对于一个中国学生的真挚师生情谊。这便是超越民族的爱，这便是最为真实且感人的力量。难怪作者在文章中写道："但不知怎地，我总还时时记起他，在我所认为我师的之中，他是最使我感激，给我鼓励的一个。"可见，藤野先生一直鼓励着鲁迅，藤野先生影响了鲁迅的一生。

三、人格的"魅力"与永生的"感动"

藤野先生的公平、严谨、宽容与责任，给鲁迅留下了深深的印记，也展现了一位教师非凡的人格魅力。这便是师道的力量，师德的力量。这人格上的魅力，彻底征服了具有强烈"民族自强"心理的人，让"我"有了莫名的感动、敬佩和怀念，并在多年后的今天依然鼓励着"我"一路前行。我们回到那个积贫积弱的时代，一位异国的教师能以公平之心对待来自各国的学生，特别是来自"弱国"中国的学生，并且给予极大的关心、鼓舞和真诚的帮助，是多么不易的一件事啊！

再读《藤野先生》，让我们看到一位伟大教师高贵的灵魂，让我们体验到跨越民族的师爱。公平，成就了一个老师的人格魅力，也让一个学生有了一世的感动。所以作者在文章结尾写道："每当夜间疲倦，正想偷懒时，仰面在灯光中瞥见他黑瘦的面貌，似乎正要说出抑扬顿挫的话来，便使我忽又良心发现，而且增加勇气了。"

"高山仰止，师恩永铭。"教师身教的力量是伟大的，今天我们从一位异国教师身上学到了爱、宽容与感动，这正是千百年来教师共有的感人形象吧。

（作者：陈燕飞）

《回忆我的母亲》的艺术形式美

朱德《回忆我的母亲》一文中，母亲作为一个劳动妇女，在她身上十分突出地表现了中华民族的刻苦耐劳的美德。作者对母亲的颂扬，就是对我们中华民族优秀品德和优良传统的颂扬。母亲，这个伟大形象永远闪耀着美的光芒！

这篇文章具有丰富的艺术形式美：

首先，清新自然的基调美。高尔基曾经说过，在写作中，开头的第一句是最困难的。它如音乐中的定调一样，往往要费好长时间才能找到。《回忆我的母亲》开门见山，用简洁明朗的开头给全篇定下了自然清新的基调：

得到母亲去世的消息，我很悲痛。我爱我的母亲，特别是她勤劳一生，很多事情是值得我永远回忆的。

这质朴无华的语言，既交代了文章的写作缘起，又高度概括了母亲勤劳一生的特点，成为全篇回忆母亲优秀事迹的一个十分清晰的总的枢纽。这个简洁明朗的开头，形成了一种质朴洗练的风格，揭示了作者作为无产阶级伟大革命家的宽广胸襟。文章思路畅达，线索清楚。先由家史写起，依次介绍了母亲多方面的事迹："是个好劳动""聪明能干""性格和蔼""同情贫苦的人"及支持慰勉作者献身革命事业等等。全文用口语写成，没有那些令人头晕目眩的形容词，是无产阶级优良文风的体现。在这篇回忆性散文里，作者按照时间顺序，依次写出了母亲一生的经历，同时又兼顾了体现母亲崇高品德的几个方面。这么一来，恰当而又自然地突出了这位革命母亲的最大特点：热爱劳动，支持革命。读后，给人留下了经久不忘的印象。

其次，真挚动人的情感美。《回忆我的母亲》是一曲献给母亲的颂歌，作者抒发的是对母亲无限热爱的赤子之情，因此真挚动人。读这篇优秀散文，使我们看到作者母亲作为"中国千百万劳动人民中的一员"的美丽的精神世界，使我们感受到作者那奔涌起伏的革命感情的波涛的冲击。作者曾质朴动人地说："母亲又给我一个强健的身体，一个勤劳的习惯，使我从来没感到过劳累。""我应该感谢母亲，她教给我生产的知识和革命的意志，鼓励我以后走上革命的道路。"作者深情地怀念母亲，是因为母亲始终如一地积极支持他投身革命。作为劳动人民的一员，母亲的这种支持，是有深远意义的。作者进一步阐述他的感受说："在这条路上，我一天比一天更加认识：只有这种知识，这种意志，才是世界上最可宝贵的财产。"这句满怀革命哲理的话，发人深省。作者深深地懂得：社会的财富，人类的历史，就是母亲这样平凡而又伟大的劳动人民创造的。作者对母亲的热爱，就是对劳动人民的热爱；作者对母亲的颂扬，就是对劳动人民的颂扬。《回忆我的母亲》是一首质朴动人的交响乐章。作者恳挚地告诉我们："母亲现在离我而去了，我将永不能再见她一面了，这个哀痛是无法补救的。"但是，作者是把他怀念母亲的深厚感情同热爱民族、热爱人民的革命感情交织起来，融为一体的。他十分坚定地表示："我用什么方法来报答母亲的深恩呢？我将继续尽忠于我们的民族和人民，尽忠于我们的民族和人民的希望——中国共产党，使和母亲同样生活着的人能够过快乐的生活。"这就不仅仅是母子之情了，作者把深挚的感情投向了我们的民族、我们的人民、我们伟大的党，真是撼人心魄！

第三，朴素无华的语言美。《回忆我的母亲》没有华丽的辞藻和过分的渲染，但能深深打动读者，真是所谓"朴实见真情"。"我爱我母亲""母亲又给我一个强健的身体""我应该感谢母亲""愿母亲在地下安息"，语言朴素、亲切。这一声声倾吐，激情炙人，一声比一声感人。"母亲"，这是一个多么可亲可敬的称呼。作者的母亲是一位值得人人敬爱的母亲，所以作者怀念母亲的深情，处处感染着读者。更为可贵的是，作者还把对母亲的感情和对整个阶级、对全体人民的感情融在一起。而这种深情也是用最朴素的语言表达的。

总之，《回忆我的母亲》不愧是母亲的颂歌、艺术的珍品。

（作者：梅庆；选文有删节）

读写津梁

名人谈读书

读书可以增加一个人的底气，也许读过的东西有一天会全部忘掉，但正是这个忘掉的过程，塑造了一个人的知识结构和举止修养。

——杨 澜

我希望能够告诉很多女孩子和男孩子，真正的文学元素是什么，他们应该怎样从自己的身上寻找。一个年轻人，可以用无数文字让别人了解你、喜欢你、欣赏你，但是能够在心灵深处与人沟通，让别人在人性的意义上与你相融的，唯有文学。文学，正是让天下人心心相印的事业。

——余秋雨

今天是一个图书爆炸的时代，但是我们读书的心越来越不静了，我们读书的行为可以说有点急功近利了。人的阅读可以分为两种，一种是有用的阅读，一种是无用的，一种是为知识的阅读，另外一种是为生命的阅读。有用的阅读提供了我们一些生存的底线，这固然重要，但是并不是阅读的全部。

——于 丹

与读书万卷，倒背如流的专家相比，我只能算是不学无术。读书不是我的长项，聊以自慰的是我读书能消化，读书能调动自己的人生经验，我常说读书的快乐在于从中发现人生，而人生的快乐之一是从中发现了书卷。读书与人生是互相发现，互相证明，互相补充。

——王 蒙

书的抒情

说到书，我很动感情。因为它给我带来温暖，我对它满怀感激。

书是我的恩师。贫穷剥夺了我童年的幸福，把我关在学校大门的外面，是书本敞开它宽厚的胸脯，接纳了我，给我以慷慨的哺育。没有书，就没有我的今天。——也许我早就委弃于沟壑。

书是我的良友。它给我一把金钥匙，诱导我打开浅短的视界，愚昧的头脑，闭塞的心灵，从不吝惜对我的帮助。

书是我青春期的恋人，中年的知己，暮年的伴侣。有了它，我就不再忧愁寂寞，不再怕人情冷暖，世态炎凉。它使我成为精神视界的富翁。我真的是"不可一日无此君"。当我忙完了，累极了，当我愤怒时，苦恼时，我就想亲近它，因为这是一种绝妙的安抚。

我真愿意成为十足的"书迷"和"书痴"，可惜自己还有点不够条件。

不知道谁是监狱的始作俑者。剥夺自由，诚然是人世间的刑法，但如果允许囚人有读书的权利，那还不算是自由的彻底丧失。我对此有惨痛的经验。

对书的焚毁和禁锢，是最大的愚蠢十足的野蛮，是可怕的历史倒退。

当然书本里也有败类，那是瘟疫之神、死亡天使，当与世人共弃之。

作家把自己写的书，送给亲友，献与读者，是最大的愉快。如果他的书引起共鸣、得到赞美，那就是对他最好的酬谢。

在宁静的环境、悠闲的心情中静静地读书，是人生中最有味的享受。在"四人帮"覆亡的前夜，我曾经避开海洋般的冷漠与白眼，每天到龙华公园读书，拥有自己独立苍茫的世界。这是我一个终生难忘的经历。

（作者：柯灵）

忠实的伴侣

"人不能像走兽那样活着，应该追求知识和美德。"这是意大利伟大诗人但丁在《神曲》里写的两行诗。

一个人从幼年起，书是终身伴侣，而且是忠实伴侣。不论你处于顺境还是逆境，更不管你是"浮"是"沉"，它绝不趋炎附势。它无私地贡献给你所要的知识，增长你的才能，帮助你观察世界，认识世界，同时还告诉你怎么改造主观世界和客观世界。它以伟大的奉献精神陪伴你成长，从不向你要一点报酬。它不但把前人宝贵的经验告诉你，同时，指导你开辟未来的道路，探索人生和宇宙的奥秘。

书籍是一所没有教授的庞大得无所不包的高等学府。它的学生，仅仅在我们这个小小星球——地球上就有四十亿以上男女老少。我们都在这个高等学府读书。

教材只有两种：用各种文字印行的书，另一种是没有文字的教科书，这就是错综复杂的光怪陆离的社会。这两种教材，任何人一辈子不睡觉也读不完。我们这一代人又用心血和眼泪记录了各自的经验，不断开拓新知识领域和成果。书籍越来越多，像清朝周永年所说的："古今载籍，浩如烟海。"书海无边勤为筏。

每个人都有自己的读书方法，或精读，或博览，或研究某个问题而读书，或从事某种著作而读书，或为了消遣和调剂生活而读书，或博中取精，或精而求博，随着年龄的增长和阅历渐广，读书的兴趣会随之变化，心得也因之不同。

书籍不会因你兴趣转移而生气，更不会由于"束之高阁"而叹息。一本书的命运和人一样有时红得发紫，洛阳纸贵；有时深居冷宫，无人问津；也有畅销书，像美国个别畅销书达一千万册以上，可是过眼烟云，很快被读者忘记；也有许多书当时不被重视甚至列为禁书，经过群众和时间的考验，却流传千古，如《红楼梦》便是。书籍不仅给你知识和才能，你遭遇不幸，它给你安慰；你受到挫折，它给你勇气和毅力。人处逆境时，读到"昔西伯拘羑里，演《周易》；孔子厄陈蔡，作《春秋》；屈原放逐，著《离骚》；左丘失明，厥有《国语》；孙子膑脚，而论兵法；不韦迁蜀，世传《吕览》；韩非囚秦，《说难》《孤愤》；《诗》三百篇，大抵贤圣发愤之所为作也。"（《史记·太史公自序》）谁读到这里，不勇气百倍地坚持战斗下去呢？像《史记》这样的好书，如后山居士陈师道说的那样："书当快意读易尽。"

我们要努力读书，还要善于读书，接受前人的经验，创造美好未来。

（作者：周而复）

文史广角

胡适、黄侃在白话文与文言文上的较量

胡适是五四白话文运动的倡导者与实践者。由于白话文是新生事物，当时社会上对此的反对异常激烈，反对白话文运动的有大学者吴宓、黄侃、林纾、梅光迪、章士钊等人，尤以黄侃为最。

黄侃乃国学大师章太炎的大弟子，恃才傲物，其狂妄与尖刻是出了名的。黄侃年轻时曾拜访大学者王闿运，王对黄侃的诗文欣赏有加，不禁夸赞道："你年方弱冠就已文采斐然，我儿子与你年纪相当，却还一窍不通，真是钝犬啊。"黄侃听罢美言，狂性立刻发作，竟道："你老先生尚且不通，更何况你的儿子。"好在王闿运通脱，并未计较。

胡适

如此狂狷之人，又是反对白话文最凶者，黄侃对胡适进攻的火力之猛可想而知，他一有机会便冷嘲热讽。有一次，黄侃对胡适说："你提倡白话文，不是真心实意！"胡适问他何出此言。黄侃正色回答道："你要是真心实意提倡白话文，就不应该名叫'胡适'，而应该名叫'到哪里去'。"此言一出，他仰天打三个哈哈，胡适则气得脸都白了。

又一次，黄侃在讲课中赞美文言文的高明，举例说："如胡适的太太死了，他的家人电报必云：'你的太太死了！赶快回来啊！'长达11字。而用文言则仅需'妻丧速归'4字即可，仅电报费就可省三分之二。"

这一次,胡适回击了,而且巧妙得令人拍案叫绝。也是在课堂上,胡适大讲白话文的好处时,有位同学不服气地问:"胡先生,难道说白话文一点缺点都没有吗?"胡适微笑道:"没有。"这位学生想起黄侃关于文言文电报省钱的论调来,反驳道:"怎会没有呢,白话文语言不简洁,打电报用字就多,花钱多。"

胡适说:"不一定吧。要不我们做个试验。前几天,行政院有位朋友给我发信,邀我去做行政院秘书,我不愿从政,便发电报拒绝了。复电便是用白话文写的,而且非常省钱。同学们如有兴趣,可代我用文言文拟一则电文,看看是白话文省钱,还是文言文省钱。"

同学们果然纷纷拟稿,最后胡适从电稿中挑出一份字数最少且表达完整的,其内容是"才学疏浅,恐难胜任,恕不从命"。胡适念毕,不无幽默地说:"这份电稿仅12个字,算是言简意赅,但还是太长了。我用白话文只需5个字:干不了,谢谢。"

随后胡适解释道:"'干不了'已含有才学疏浅、恐难胜任的意思,而'谢谢'既有对友人费心介绍表示感谢,又有婉拒之意。可见,语言的简练,并不在于是用白话文,还是用文言文,只要用字恰当,白话也能做到比文言文更简练。"

胡适一番精辟的阐述,是对黄侃"文言文电报省钱"之论调的回马一枪。同学们听后不由得纷纷点头赞同。在胡适等人不懈努力下,白话文最终取代了文言文。

(作者:刘继兴)

趣味语文

列夫·托尔斯泰的小故事

(一)

有一次托翁路过码头,被一位贵夫人当作搬运工,叫过去扛箱子。他为贵夫人搬运完箱子还得到了5戈比的奖赏。这

列夫·托尔斯泰

时码头上有人认出了托尔斯泰。他的大胡子和身上那件自己设计的"托尔斯泰衫",太好辨认了。于是许多人围过来向他问好,那位贵夫人见状无地自容,还想要回那让她含羞的5戈比,却被托尔斯泰拒绝了:"这是我的劳动所得,我很看重这个钱,不在乎有多少。"

二　把人生的石级踩成琴键

（二）

一个谈笑风生的场合，有人话赶话地调侃托尔斯泰：你除了会写小说还能干什么？当时在场的人都觉得这句玩笑话说得过分了，而且也不是事实。

年近花甲的托尔斯泰并没有对朋友的嘲讽还嘴，不吭一声地回到家里，就忙起来了。他的"车间"紧挨着他的书房，当中一张大木台子上摆放着榔头、钳子、钢锯、锉刀等工具，墙上挂着干活儿时围的围裙……为了回应朋友的调侃，他亲手制作了一双漂亮而结实的高勒牛皮靴，郑重地送给了大女婿苏霍京。苏霍京哪舍得将老岳丈这么珍贵的礼物穿在脚上，便将皮靴摆上了书架。当时《托尔斯泰文集》已经出版了12卷，他给这双皮靴贴上标签："第13卷"。此举在文化圈里立刻传为佳话。托翁知道后哈哈大笑，并说："那是我自己最喜欢的一卷。"

托翁乘兴又做了一双半高勒牛皮靴，送给了好友——诗人费特。费特灵机一动，当即付给托尔斯泰6卢布，并开了一张收据："《战争与和平》的作者列夫·尼古拉耶维奇·托尔斯泰伯爵，按鄙人订货，制成皮靴一双，厚底，矮跟，圆勒。今年1月8日他将此靴送来我家，为此收到鄙人付费6卢布。从翌日起鄙人即开始穿用，足以说明此靴手工之佳。空口无凭，立字为证。1885年1月15日。"后面还有费特的亲笔签名，并加盖了印章。

手艺是精神的标记，行为体现了一个人的思想面貌。现在年轻人厌恶体力劳动，拒绝学习和掌握一门手艺，不管喜欢不喜欢读书，读得好和读不好书的人，都一窝蜂地往上大学一条道上挤，正应了契诃夫的话："大学培养各种才能，包括愚蠢在内。"

（三）

托尔斯泰喜欢骑马、打猎、游泳、滑冰、划船等运动。除了体育，他还爱参加劳动。画家列宾就亲眼看见托尔斯泰在烈日下整天在田地里劳作。他主动地帮助贫穷的人盖房子、砌炉灶、割草，直到古稀之年，还坚持自己打水、劈柴，和农民一起锯木头。

有一次托尔斯泰从单杠上跳下来，一位法国青年心悦诚服地说："伯爵，您单杠上的动作也是真正的艺术。"托尔斯泰没有吭声，只是淡然地笑笑。

有个青年总想一举成名，他去请教托尔斯泰。托尔斯泰诚恳地对年轻人说："人好比分数，分子就是他自己实在有的那么大小，而分母就是他把自己想象的那么大小。分母愈大，分数就愈小，如果分母是无穷大，分数就等于零了。"

三　造化钟神秀

清朝乾隆年间，有一位山东东平籍的进士刘公瓘，经过发奋苦读成了大学问家。据说他刚到南方的时候，当地的许多学者都想难为难为他，便和他比赛对对联，其中有个才子说道：江南千山千水千名士。刘公瓘对道：山东一山一水一圣人。众人拍手叫绝！

本单元将带你穿越历史，与古代文人一起观山赏水，领略大自然的神奇秀丽。

主题阅读

当代文人的三峡精神之旅

一支竹篙撑过三峡的湍流，也划过千年的华章。乱石穿空，惊涛拍岸。三峡，曾是一代代文人墨客为之倾心的形胜之地，是长江文化源流最光彩照人的一段。世易时移，屈原归去，李白不复，沿岸的城镇早已更换了名字。而当6月1日下闸蓄水之时，高峡出平湖，三峡将又一次改变它原有的样子。

值此之际，我们请来各界学者名人，各抒己见，纵论三峡之美。历史的湍流不可挽留，但有关美的记忆却可在心中典藏。

（一）

两岸连山，略无阙处。
重岩叠嶂，隐天蔽日。

与黄河文明比起来，长江文明的特质最重要的便是：人文的、开放的、多元的、感性的。

我一生三下三峡，三峡至今对我来说仍是人生里极其重要的地方。《过万重山漫想》是在1979年我第一次去三峡时写的。二期工程以后，三峡将再无险可言，后人们恐怕再难体会人们最初克服这一天险时的心情了。

开放的另一重意义是冲破。到了三峡，"冲破"变成一件极为艰巨的事情。三峡险峻，自古就是天堑，北魏的郦道元曾言："两岸连山，略无阙处。重岩叠嶂，隐天蔽日，自非亭午夜分，不见曦月。"险滩乱礁，狂风巨浪，三峡在相当长一段时期里都是生死路。老船工讲："闯过去了是运气，闯不过去就再无回头路。"在这样的情况下，除非有极大的勇气，否则是很难下决心走一遭的。

而我眼中的三峡精神正是这样一种开拓精神。古人下峡，长篙短篙拄在礁石上，每到急流，就用篙将船从逼近礁石的角度上撑开，生死毫发，这样的胆量和气魄实在太令人感叹了。当初看到宋人夏圭的《巴船下峡图》，我震惊了好久；再过三峡时，头脑里总是反复出现苏轼"古人篙眼似蜂窝"的诗句来，感慨万千。前人眼中的三峡是生死关，就是这样的生死关，无数的中国人闯过去，留下了无数的故事。许多人说中华民族是封闭、保守的民族，我想如果他们去走一遭三峡，看看那些与时代与急流险滩搏斗的艄公，就不会再这么想。

我一直坚持，只有开拓精神才是最大的浪漫，正因为有了这样的开拓，三峡才能引发人们内心的共鸣，它也因此而最美。

（作者：刘征；著名散文家、中学课文《过万重山漫想》作者）

（二）

朝辞白帝彩云间，
千里江陵一日还。
两岸猿声啼不住，
轻舟已过万重山。

画家眼里的长江三峡是美不胜收的山水画廊。三峡之美，美在雄、险、奇、幽。

瞿塘峡以雄伟峻拔著称，巫峡以幽深秀丽驰名，西陵峡以滩险水急逞胜。

三峡瞿塘图　［元］盛懋

在三大峡谷之间处处风光旖旎，两岸青山，犹闻猿声；数叶扁舟，饶有野趣。千姿百态、相得益彰，令人心驰神往。三峡的一山一水、一景一物，无不似诗如画。比较起方正平整的黄河文化来，三峡之美是一种动态之美。要体会出三峡的美，就要在中景、远景处欣赏。三峡峡谷深且窄并险，但仍有平缓的山势和宽谷。峰峦如削，波涛如怒，湍急的水流和巨大的落差构成了动态的画面，也因而更能激起书画者的激情与畅想。如能乘船江上，船动景移，可揽尽山、水、泉、洞之美。

可以想象，如果没有三峡文化，长江就只能是一条"长白江"。

中国长江三峡历史上早有闻名，隋唐时期山水树石，已渐转入独立画科，刘（松年）、李（唐）、马（远）、夏（圭）画作显示出山水画气势之清劲雄伟，大有李白的"朝辞白帝彩云间，千里江陵一日还。两岸猿声啼不住,轻舟已过万重山"之风。美不胜收的历史上记载了绘画山水,如唐吴道子画嘉陵山水(嘉陵江为长江在重庆、四川的一大支流)三百余里一日而毕。

(作者:岑学恭;巴蜀诗书画研究会会长、三峡画派创始人,多年来专门从事三峡山水与巴蜀风光的绘画创作)

本文饱含深情,用洗练的文字描绘了三峡的自然和文化之美。三峡,作为我国长江文明的重要源头,曾孕育神秘的巴文化、巫文化,创造了雄壮的水文化、瑰丽的诗词文化,以及多彩的民俗宗教文化等,留下了丰富的传统文化遗产。三峡不仅是自然的,更是文化的,象征着开拓的精神。

文人雅士的山水情怀

"庭下如积水空明,水中藻、荇交横,盖竹柏影也。何夜无月?何处无竹柏?但少闲人如吾两人者耳。"(《记承天寺夜游》)

"雾凇沆砀,天与云与山与水,上下一白。湖上影子,惟长堤一痕、湖心亭一点,与余舟一芥、舟中人两三粒而已。""湖中焉得更有此人!"(《湖心亭看雪》)

不难看出,苏轼、张岱虽然描绘的是不同风景,但他们所发表的感慨都有共同之处:"少闲人""焉得更有此人",没有人或少有人和我一同欣赏这美景啊。

这感慨,是为自己不同流俗而自豪,还是一份找寻不到知音的孤寂,抑或是郁郁不得志的伤感与落寞?

为什么没有人同我一同欣赏这美景呢?

中国古代文人往往以自然山水为知己,也许因为失意,不,即使得意,他们也以能领略自然山水之美为雅事。"春游芳草地,夏赏绿荷池,秋饮黄花酒,冬吟白雪诗",何等惬意,又何等得意!"相看两不厌,只有敬亭山","我见青山多妩媚,料青山见我应如是",又是何等相知相契的知己!凡夫俗子只知道蝇营狗苟,又怎能享受到让心灵放飞到自然的这份乐趣?

苏轼,被余秋雨称为一千年才出现的天才,集文学才能与政治才干于一身的天才。自古以来,文学才能

苏轼

与政治才干似乎是势不两立的一对死敌，然而这两者在苏轼身上却得到了最完美的统一，今日西湖的苏堤依然昭示着一千多年前这个天才的赫赫政绩。然而卓越的政治才能并不代表会玩弄肮脏的政治手腕，苏轼的一生命运多舛，与他耿介正直的个性是分不开的。改革也好，保守也罢，无论当时哪派势力得宠，苏轼都只有一个宗旨：站在良心那边说话！于是改革派得势，他被贬了；保守派得势，他也被贬了。但无论被贬何处，他总能以他旷达的胸襟做出斐然的政绩。

他不是陶渊明，他不想当隐士，他有他的政治理想。他说，我所管理的地方，就应该有一片清朗的天空！然而，世事总让他像一只折翼的鸟，不能让他的才华得到淋漓尽致的发挥。他反对变法，被贬黄州，任着一份闲差。月夜，百无聊赖的他只得早早入睡，他知道静卧的那份孤寂和伤感会像潮水般向他袭来，他不想就这样伤感下去，他要开朗起来，他要豁达起来，只有自然能疗救他的创伤。真的，月亮来了，来叫他了，于是，他"欣然起行"，邀约同样被贬的张怀民。

"庭下如积水空明，水中藻、荇交横，盖竹柏影也"，宁静的夜晚，澄澈的月色让他几许欣喜，他的心灵终于找到了最好的归宿。

张岱，一个故国破亡的才子，独自隐居山上，独自静静地咀嚼那份亡国之痛，然后将这份痛独自轻轻地向山水诉说，默默地倾注于笔端，让它幽幽地流淌在《陶庵梦忆》里。

他不是世家子啊，只要他稍识时务，归顺清廷。然而，他不，他生是明人，死是明鬼。让整个天下都是清廷的天下吧，我要永远忠于我的国家，他说。于是，他不再与世俗蝇营为伍，开始了遗世独立的生活。

大雪三日更定后，他独往湖心亭看雪。"天与云与山与水上下一白"，他看见"湖上影子，惟长堤一痕、湖心亭一点，与余舟一芥、舟中人两三粒而已"，陡升起"寄蜉蝣于天地，渺沧海之一粟"的苍茫感。湖心亭的雪景，那份孤寒，那份悠远脱俗，与他何其相似！谁说我张岱是孤身一人，这浩渺的天地不就是我的知音吗？

纵观上文，文人雅士的山水情怀首先源于他们的"雅"，然后才是他们的寄情山水。"入世者"借山水排遣抑郁情怀，疗救受伤的心灵，除了上面谈到的苏轼外，初中阶段所接触到的还有范仲淹和他的《岳阳楼记》、柳宗元和他的《小石潭记》、欧阳修和他的《醉翁亭记》等；而"出世者"则在自然中感受世俗所享受不到的乐趣，除了《答谢中书书》的陶弘景，陶渊明应该是最典型的代表，"此中有真意，欲辨已忘言"，真的是陶醉其间了。

 赏析

古代文人寄情山水，隐逸山林，有的以归隐作为入仕的阶梯，于是有"终南捷径"之说；而更多的是以入于山林、纵情山水显示人品的高洁，进而把返归自然作为精神的慰藉和享受，寻求人与自然融为一体的纯美天地。大自然的山水之美，确具有某种净化心灵的作用，能涤污去浊、息烦静虑，使人忘却尘世的纷扰，产生忘情于山水而自甘寂寞的高逸情怀。这种山水情怀对于明秀诗境的创造十分重要，于是才有了我们今天读到的清丽脱俗的佳作。

春江花月夜（节选）

张若虚

张若虚（约660—约720），唐代扬州（今属江苏）人，与贺知章、张旭、包融并称为"吴中四士"。张若虚的诗仅存二首于《全唐诗》中。其中《春江花月夜》是一篇脍炙人口的名作，它沿用陈隋乐府旧题，抒写真挚动人的离情别绪及富有哲理意味的人生感慨，语言清新优美，韵律宛转悠扬，给人以澄澈空明、清丽自然的感觉。

春江潮水连海平，
海上明月共潮生。
滟滟①随波千万里，
何处春江无月明！
江流宛转绕芳甸②，
月照花林皆似霰③；
空里流霜④不觉飞，
汀⑤上白沙看不见。
江天一色无纤尘⑥，
皎皎空中孤月轮⑦。
江畔何人初见月？
江月何年初照人？
人生代代无穷已，
江月年年只相似。
不知江月待何人，
但见长江送流水。

---

①滟（yàn）滟：波光荡漾的样子。
②芳甸（diàn）：芳草丰茂的原野。甸，郊外之地。
③霰（xiàn）：天空中降落的小冰粒。形容月光下春花晶莹洁白。
④流霜：飞霜，古人以为霜和雪一样，是从空中落下来的，所以叫流霜。在这里比喻月光皎洁，月色朦胧、流荡，所以不觉得有霜霰飞扬。
⑤汀（tīng）：水边平地。
⑥纤尘：微细的灰尘。
⑦月轮：指月亮，因为月圆时像车轮，所以称为月轮。

春天的江潮水势浩荡，与大海连成一片，一轮明月从海上升起，好像与潮水一起涌出来。

春江花月夜（局部）　　［明］唐　寅

月光洒在春江上，随着波浪闪耀千万里，所有地方的春江都有明亮的月光。

江水曲曲折折地绕着花草丛生的原野流淌，月光照射着开遍鲜花的树林，好像细密的雪珠在闪烁。

月色如霜，所以霜飞无从觉察。洲上的白沙和月色融合在一起，看不分明。

江水、天空成一色，没有一点微小灰尘，明亮的天空中只有一轮孤月高悬空中。

江边上什么人最初看见月亮，江上的月亮哪一年最初照耀着人？

人生一代代地无穷无尽，只有江上的月亮一年年地总是相像。

不知江上的月亮等待着什么人，只见长江不断地一直运送着流水。

 赏析

此诗共三十六句，每四句一换韵，以富有生活气息的清丽之笔，创造性地再现了江南春夜的景色，如同月光照耀下的万里长江画卷，同时寄寓着游子思归的离别相思之苦。诗篇意境空明，缠绵悱恻，洗净了六朝宫体的浓脂腻粉，词清语丽，韵调优美，脍炙人口，乃千古绝唱，素有"孤篇盖全唐"之誉。

含英咀华

山中宰相的山川深情
——解读《答谢中书书》的四个关键词

宗白华先生在《美学散步》里说："晋人向外发现了自然，向内发现了自己的深情。山水虚灵化了，也情致化了。陶渊明、谢灵运这般人的山水诗那样的好，是由于他们对于自然有那一股新鲜发现时身入化境、浓酣忘我的趣味。"其实，那个时代何止是陶潜和谢康公痴迷和忘情于山水，陶弘景也是其中一位。世人多以道教思想家和医学家的眼光来敬仰他，却忽视了陶弘景在山水文学方面的造诣和对山水风光的个性体悟。《答谢中书书》就是一篇以独特

的审美情怀领略自然之美，令人耳目一新的美文。文本中的"仙都""未复""欲界""能与"等关键语言为我们打开了一扇通往陶弘景眼中世外桃源的大门，通过解读这些关键词，我们可以亲近大自然，发现和理解大自然，也能感受陶弘景对自然山川景致的一往情深。

一、仙都

哪一个词可以作为解读陶弘景眼中山水的密码？较于开篇所指"山川之美"中的"美"，文本结句中"未复有能与其奇者"的"奇"，"实是欲界之仙都"中的"仙都"一词更具魅力和张力。且看作者对山川的用笔之精妙：写山峰之高，用一"入"字，山峰直插青冥，与天比高，其蓬勃的活力毕现无遗；写水流之清，用"见底"二字，可与吴均笔下富春江之水的"清澈见底"媲美，那见底的清流，"游鱼细石"也定然直视无碍；写两岸石壁，用"五色交辉"，色彩斑斓惹人遐思无限，又与水色交相辉映；写山林，用"青翠"之色，如此颜色贯穿四季，无时不有，毫不寂寞；写晓雾，用"将歇"，流连在山林上空的雾霭将要消散却没有完全消散，浓淡相间，宛如仙境，一个"歇"还极为传神地展现了作者的审美视界，晓雾如同观景的游者，来去自如，动静相宜，累了便歇息，无拘无束，随心所欲；写猿鸟，着一"乱"字，言近旨远，意味无穷，其并非如某些书中所说"猿、鸟此起彼伏的鸣叫声"表现热闹之态，而在于彰显猿、鸟鸣叫时的随意、自由——欲鸣则鸣，鸣倦则歇；想什么时候鸣就什么时候鸣，没有任何的束缚，无所羁绊；写夕阳，用"欲颓"，而非"西下"，动感十足；写沉鳞，用"竞跃"，生机无限。

如此瑰丽而神奇的山川之景，岂是一个"美"或"奇"字能了得！吕逸新在《魏晋文学自然审美的生命意识》中说："魏晋时期自然美进入士人的生活中，他们以审美的人生态度，将一腔深情投入大自然，山水草木开始真正作为独立的对象进入人的审美活动领域，成为一种独特的审美形态，具有了自身的审美价值。"陶弘景把自然山水纳入自己的生活，不是"站在桥上看风景"，看到的不只是影影绰绰的山水风光，山水风光中散发出生命的芬芳。山川美景，以"仙都"作比，那是神仙生活的美好世界，奇美、神秘、宁静、祥和、活力、自由，不一而足，人间哪有几处寻？山水风光进入陶弘景的眼中和心里，故而无不烙上了自然而真切的赞语，这恰也说明魏晋士人对山水自然的观照和审美是自省而自觉的生命活动,他们徜徉在自然山水中,不仅可以获得自由的生命情调和个性精神,而且可以从中体味自然的生命韵律而忘却自我,达到心灵与自然的浑然一体。

二、未复

"自康乐以来",能领略山川之美的唯谢灵运和陶弘景而已,余人不再能走进山川,目睹其神韵。陶弘景做到了对自然的感应,对自然的咏叹、拥抱和欣赏,他是幸运的,更幸运的是他还有知音谢灵运与之共享山川之美,他的前辈山水诗的鼻祖谢灵运却只能将山水美景独揽于心间,无人与之共赏,只留得无尽的感叹。谢灵运只能把遗憾与失意埋藏于心,转而近乎疯狂地发掘和体验自然山水。他对山水的搜寻,简直像是一个疯子:

在永嘉做太守,竟然"肆意游遨,遍历诸县,动逾旬朔。民间听讼,不复关怀";在朝廷做秘书监,天子眼皮底下,他也竟然"出郭游行,或一日百六七十里,经旬不归。既无表闻,又不请急(假)";在老家赋闲,他带着百多位义故门生加仆从,"寻山陟岭,必造幽峻,岩嶂千重,莫不备尽";他曾从始宁南山出发,"伐木开径,直至临海",把临海太守王琇吓了一大跳,以为来了一群山贼。他就这样毫无节制,"游娱宴集,以夜续昼"。

不过,知音难觅的遗憾还是在谢灵运的诗歌中情不自禁地渗透出来,如他在《石门岩上宿》所写:"朝搴苑中兰,畏彼霜下歇。暝还云际宿,弄此石上月。鸟鸣识夜栖,木落知风发。异音同至听,殊响俱清越。妙物莫为赏,芳醑谁与伐。美人竟不来,阳阿徒晞发。"美好的景物却没有人欣赏,芳香的美酒却没有人和他一起赞美,诗中以美女喻知己,表达了缺少知音的落寞情绪。谢灵运的落寞感伤,正是对魏晋士人钟情于生命的深情写照。一个"未复"道尽了陶弘景内心的喜悦之情。在山水自然面前,陶弘景并没有成为"孤家寡人",他和远去的前辈谢灵运共享着山水自然之乐。然为何山川只成了此二人的山川?又是什么遮蔽了其他人欣赏山川之美的眼睛?

三、欲界

"欲界"是文本的第三个语言密码。更多的人,面对山川美景却视而不见,他们不是不想咏叹和欣赏山川,而是缺少发现和欣赏自然之美的能力。人处在没有摆脱世俗的七情六欲的众生所处境界,所谓"天下熙熙,皆为利来;天下攘攘,皆为利往",熙熙攘攘,忙忙碌碌,车马喧嚣的欲界让人有太多的牵挂和欲望,或为名,或为利,在功名利禄的追逐中,心渐渐沉沦和迷失。

世俗的欲望如樊笼，如桎梏，心若被禁锢，徒有双目也无法觉察自然之美。在欲界，人们大多不可能如陶渊明那般心境敞亮、澄澈，能"心远地自偏"的有几人？在欲界，人们有太多的羁绊，在世俗的泥沼中越陷越深，不能自拔，终而蒙蔽了发现美的心灵。无怪乎，陶弘景在文末发出了"自康乐以来，未复有能与其奇者"的感叹。

四、能与

"问君何能尔？"陶弘景为何能不为世俗所累，潇然于山川，欣赏自然之美？当时的梁武帝萧衍也不禁生发疑惑："山中何所有，卿何留恋而不返？"陶弘景是这样回答的："山中何所有，岭上多白云。只可自怡悦，不堪持寄君。"据史料记载，梁武帝深知陶弘景是个奇才，几次想请他出山做官，但陶坚辞不出。皇帝的诏书来得急，他就画了两头牛让人带去呈给武帝。画中一牛散放在水草间，一牛则被加上了金笼，有人执着鞭子在驱赶它。武帝一看，明白了意思。陶弘景的答问和所画，正折射了他处世的态度和自由的生命追求，陶弘景为人，《梁书·处士传》称："圆通谦谨，出处冥会，心如明镜，遇物便了。"心静如水，清明澄澈，通透到不含一丝杂质，性灵自由，不为外物所羁的陶弘景能发现山川自然之美、山水之趣，获得精神慰藉，这就不足为奇了。《答谢中书书》是魏晋士人心灵与自然浑然一体的典范之作。

读一读《答谢中书书》，在自然的静观中体味自然之真，也反观自我，发现自我之真，沉淀自己内心的喧嚣，过滤自己内心的浮躁，给心一片永远宁静纯净的山川，给心一方栖息鲜活的清泉，让我们每一颗劳顿的心都能回归山川林泉的抚慰！

（作者：沈华；选自《语文学习》2015年2月）

不着一字　尽得风流
——浅析《记承天寺夜游》用词的精妙

宋神宗元丰二年七月，苏轼被逮捕入狱，罪名是御史中丞李定等人弹劾苏轼以诗诽谤新法。经过长达103天的审问，没有明确证据证实苏轼诽谤新法，由于宋太祖所定国策"不得擅杀士大夫"以及同朝正直官员如吴充、王安石等人甚至病重的曹太后的竭力营救，这年的十二月苏轼终于获释出狱，但不得再担任京官，被外放到黄州任团练副使。该职仅相当于现在的民兵自卫队副队长，且不得"签书公事"以及擅离安置所，实际上就是被流放到黄州。这就是历史上著名的"乌台诗案"。作者在被贬到黄州的第四年,写下了这篇《记承天寺夜游》。

　　因作者有职无权,形同流放,过去一同唱和的朋友多不愿再与之交往,因此整日门庭冷落,无所事事。为了打发时光,当然更为了生计,他带领家人在城东坡地开辟了一块荒地,每日里耕种营生。"东坡居士"字号即由此所得。《记承天寺夜游》真实地记录了作者当时投闲置散的失意处境。下面就对本篇用词作一较详细的分析说明。

　　"元丰六年十月十二日夜"中的"夜",扣住了标题中的"夜"字,而这时的作者"解衣欲睡",却有"月色入户"。"月色入户"中"入"字写尽了作者当时的寂寞。寒夜寂寥,周边没有一个同气相投的朋友,似乎只有月亮善解人意,通人情,知心曲,主动来与他相伴。所以作者对月也是情有独钟,明月常出现他的笔下,如"明月几时有?把酒问青天""但愿人长久,千里共婵娟"。明月有情,所以作者的反应是"欣然起行",一个被朝廷、朋友淡忘的"罪人",见到毫无势利之心的月光在寂寥的寒夜里依然来造访他,他的喜悦和兴奋确实是无法言说的,但作者只用四个字就写出来了,可见他用词的简洁、精练。

　　"念无与为乐者,遂至承天寺寻张怀民。""无与为乐者"再一次写出了当时的寂寥,无人唱和。作者当时是万人敬仰的文坛名士,风光时家里经常是宾朋满座,一同划拳行令,写诗唱和,现在竟然"无与为乐者",想找一个同乐的人都找不到。反差是何等强烈!由此可见他当时的寂寞、凄清。这就加深了见"月色入户,欣然起行"的喜悦和兴奋之情。"寻张怀民"中的"寻"包含三重含义,首先作者要寻的这个人,面对良辰美景,不会在家蒙头大睡,肯定也在赏月,可在哪里赏月呢?作者要"寻";其次,"寻"字有一种急欲找到东西的空落感,写出了作者渴望和知心友人共同赏月的急切心情;第三,我们再一次看到,苏轼此时知心朋友很少,志同道合的朋友很少,只有同是被贬被朝廷遗忘的人才心意相通,并感同身受。于是作者便想到了张怀民。

　　"怀民亦未寝,相与步于中庭。"一个"亦",写出了"同是天涯沦落人"的心有灵犀。似乎早就约好了似的,知道作者要来,要知道这时已是农历十月的冬夜,在一个毫无娱乐的时代一般人早已上床入睡了,可张怀民竟然也未睡觉,两人行为是多么默契啊!"相与步于中庭"也再次表明了两人友情的深厚、亲密无间。这种友情不是富贵时一起推杯换盏，宴饮酬唱，而是在经历了相同的患难后所建立的真挚情谊。它如同发酵后的白酒那样，历久弥香，浓得似乎再也化不开。

"庭下如积水空明，水中藻、荇交横，盖竹柏影也。""积水空明"写出了月光的清澈皎洁，"藻、荇交横"用白描手法写出了竹柏倒影的清丽淡雅。这两句，一正写，一侧写。无论正写还是侧写，无一字提到月，但处处是写月，写出了月的空灵、清丽、淡雅、皎洁。清代王国维曾说："以乐景写哀，以哀景写乐，一倍增其哀乐。"作者在这里描写了一幅色彩柔和的水墨画，一幅用暖色画成的画，它真正的目的不过是为了反衬自己与张怀民此时的寂寞、失意罢了。所谓"不着一字，尽得风流"，体现了名家用词的精妙。

"何夜无月？何处无竹柏？但少闲人如吾两人者耳。"一个"闲"，包含多重含义。闲人，即清闲的人，但真的清闲吗？不，这闲包含着作者极其复杂的心境，它写出了作者遭贬谪后的愤懑、失意、落寞。作者是在政治上有所追求的人，他入仕是为了实现儒家的"经世济民""兼济天下"的理想，现实与理想差距是如此巨大，有心报国，却无法为朝廷尽忠，他怎能安闲自适？所谓赏月的自得只不过是被贬之人的自慰罢了。但名士毕竟是名士，黄州是苏轼思想的一个转折点。此前，他以儒家思想为主导，此后，佛道思想明显增多。这使他在短暂的愤懑、落寞后，能迅速调整心态，做到了自我排遣的达观，以及有闲赏月的自得。但此时他的心境仍是复杂的、微妙的。在超然物外的旷达背后，苏轼还能坚持对人生、对美好事物的积极追求。我们从他在这一时期创作的作品之多也能看出。

苏轼散文风格特征，可借用他在《文说》《答谢民师书》中的话来表述：所谓"吾文如万斛泉源，不择地而出，在平地滔滔汩汩，虽一日千里无难。"又说："大略如行云流水，初无定质，但常行于所当行，常止于不可不止，文理自然，姿态横生。"宋代李涂在《文章精义》中则点评说"苏如潮"。确实如此，《记承天寺夜游》这篇文章虽只有84个字，却如钱塘大潮，后浪不停地追逐着前浪，刚刚一个浪头过去，紧跟着又是一个逐浪而来。"行于所当行"，正如文中记载，刚要解衣入睡，突然看到月色入户，陡起一个波澜。看到月色入户，就感到有什么可干了，便"欣然起行"。起身干什么呢？找"乐"。"独乐乐，不如众乐乐。"便想再找一个人同"乐"。找谁呢？又是一个波澜。突然想到还有一个知音——张怀民，找他去。文章就这样，如滔滔不绝的江水，纵横恣肆，却又惜字如金。到"何夜无月？何处无竹柏？但少闲人如吾两人者耳"则戛然而止，"止于不可不止"。

综观全文，区区84字，特别是一些关键词的使用，可谓言简意赅，耐人寻味。它蕴含着作者丰富的思想感情，把作者无罪遭贬的愤懑、人生的感慨、赏月的欣喜及散步时的悠闲等复杂感情巧妙地糅合在一起。我们研读时须细嚼慢咽，才能体会到作者用词的精妙、构思的匠心独具。

（作者：许云龙）

《与朱元思书》中的自然美

浙西风光，素享盛名。远在南北朝时期，山水诗派的宗师谢灵运就写过《初往新安至桐庐口》一诗，云："江山共开旷，云日相照媚。景夕群物清，对玩咸可喜！"而吴均的书札《与朱元思书》，则以骈体散文的形式，描写了富春江一带的自然景色，清新挺拔，形神兼备，是南北朝时期不可多得的山水小品之一。

吴均（469—520），字叔庠，梁朝人，家居吴兴故鄣（今浙江安吉），官至奉朝请（当时是安置闲散官员届期朝见的官职），因私撰《齐春秋》被免职。他的诗文，以描绘山水见称，并得到了沈约的称赏。

吴 均

他喜欢学习乐府民歌，风格刚健清新，人家乐于仿作，当时谓之"吴均体"。

这篇山水小品，是他写给朋友述说旅途见闻中的一段，寥寥不过百余字。开头宕开一笔，不写行踪，而写景色。所谓"起首贵突兀"，就是这个意思。这是写在船上远望所见：旷野上，烟雾消尽，明媚开阔。蓝天青山，染成一色。作者善于通过光线和色彩来描写景物，烘托出越中"山川修且广"的美景。用光线和色彩来烘托景物，能使形象鲜明，且易于抒发感情，是古诗中常用的一种艺术手法。

文章接着写作者的行踪：驾着轻舟，顺着江流，随意飘荡，忽东忽西，多么自由自在呀！这里把自我形象巧妙地融入画面，构成了诗的意境，写得令人神往。作者把自己的情趣不表露在纸面，只用"任意"二字点化，这就是一种含蓄的写法。

"自富春江至桐庐"几句，除了交代行程外，重点是总写富春江两岸的自然景色:"奇山异水,天下独绝。"这种抽象概括并没有破坏整个画面的格局,好像是一种"画外音",有"点睛"之妙,且有承上启下的作用。

文章有分有合,富有变化,所谓要"控引情理,送迎际会",说的就是这个意思。下面则从奇山、异水两个方面来描绘。这好像一幅画卷,有全景,也有局部,方能"横看成岭侧成峰",从不同的角度表现出自然的美来。

写江水,着重描绘它的清澈。作者选择了水色和视线来刻画,又以"游鱼细石"来陪衬。这种艺术手法,在后世的柳宗元所写的《小石潭记》中也有运用。如"潭中鱼可百许头,皆若空游无所依",也是从游鱼来衬托潭水清澈,可以一望到底。文中还写了江中急流,用流矢来喻水的流速,是很形象的。湍急的江潮奔腾不息,把江流的气势写出来了。后两笔写得很生动,如果只写江水的澄澈,而不写它的滚滚急流,那么既写不出富春江的气势,也会使文章缺少波澜,而显得平庸了。

写高山,则千姿百态,生机盎然,珍鸟奇兽,写尽了富春江两岸的壮观。高山之上,"皆生寒树",一个"寒"字,点出寒秋时节,这些松柏枫樟之类,都是耐寒之树,经得起寒露风霜的侵袭。而令人叫绝的则是作者把静态的山峰写活了。比如说:"负势竞上,互相轩邈,争高直指,千百成峰",把它们写得你追我赶,争高比下,显得多么有生气!这真是"形神俱似"之笔。写山上泉水,音韵铿然;写山中鸟鸣,音和声脆;写树上蝉噪,悠扬远逸;写林中猿啸,哀婉凄恻。真是万籁俱响,生动地描写出大自然的音乐美。

两个"者"字句,则是作者志之所系,意之所在,与"从流飘荡"相照应。这里"缘情体物",全不见刻削之痕。

末尾几句,把山上的景色写得时明时暗,时疏时密,晦明变幻,深邃莫测。这种朦胧幽深的境界,与作者脱俗的情趣融成一体,构成一种独特的意境。

吴均笔下的山水是别开生面的。如果拿他和谢灵运的山水诗做一比较,不难看出,在描绘自然景物方面,既有继承,也有创新。作者开拓了自然美的境界,这是十分难得的。

这里介绍吴均的书札小品,主要是对他在发掘自然美的艺术成就上而言的,至于在思想情趣方面流露出来的消极因素,则没有着重论及。如对"鸢飞戾天者"之辈,作者虽有疾恶之情,但是想用自然美来填补这类人物的心灵空虚,则是不够的。而且在感情色彩上，更多的则是流露出作者蔑视世俗的孤傲，不免有"闲爱孤云静爱僧"的情调。

（作者：徐洪耀；选文有删节）

读写津梁

山水有情，诗文留香
—— 浅谈山水诗的鉴赏

山水田园诗是古代诗歌一个重要的种类，其著名的诗人有王维、孟浩然、陶渊明等人。诗人们把细腻的笔触投向静谧的山林、悠闲的田野，缘景抒情，因寄所托，表达自己的理想、志趣。

明朝的胡应麟在《诗薮》中说"作诗不过情、景二端"，王国维亦云"一切景语皆情语"，因此，鉴赏山水诗首先要以"景"为基础，紧紧抓住"情"，从景物入手来理解情。

一、绘山水之景

这是读懂山水的第一步，先从字面上弄懂意思，然后才能深入诗歌的核心"情"。这就需要我们欣赏诗的想象力：1. 勾勒轮廓。即按方位，有序地在脑海中展现意象的方位、形状。2. 给景物着颜色。3. 将景物动态化。就是根据诗歌内容，让景物动起来，增加图片的真实性，更贴切实景。4. 给画面补充细节。诗歌的精练，使它可能把所有的物象都表现出来，这就要去补充细节，可以达到提高思维的完整性、全面性、深刻性的目的，从而也使画面更加生动逼真。

春山伴侣图　［明］唐　寅

二、品山水之情

"登山则情满于山，观海则意溢于海。"山水承载着古人与今人的情思，写山水以寄情，赏山水诗以品情。当古人情寄山水之时，往往是其人世受挫之际，因此山水诗大多创造一种田园牧歌式的生活，借以表达对现实的不满，对宁静平和生活的向往和自己遗世独立的高超情怀。

那么如何从诗中品出诗人之情呢？

默读悟情。诗味是可以读出来的。

虽然不能放声读出，但仍然可以通过默读来体味感情，当那首清灵飘逸的《再别康桥》珠玑般的语言在脑海中萦回的时候，当元人马致远"老树昏鸦""小桥流水""西风瘦马"的幽寂画面在眼前若隐若现的时候，当老杜沉郁顿挫的节奏在耳际铿锵回响的时候，我们已经能感觉出诗歌所含的情：或激昂，或哀伤，或悲愤，或欣喜……

以景推情。诗人的感情总是通过山水表现出来的，这就叫情满于山水吧。要品味山水之情，首先要从诗本身出发，一般来说，特别要注意描绘山水的修饰性词语，这些词语往往就含着作者的感情。诸如："空""瘦""长""壮"等修饰词，本身就含有强烈的感情色彩。另外，山水意象本身更有极强的暗示性，比如"雨""梧桐""芭蕉"等就带着哀愁伤感的情绪。

知人论情。要读懂诗，就要知道写诗的背景，要知道诗人的主要风格特征，而这些主要通过题目后边的注解来了解的。所以我们一定要看注解，看懂注解，把注解与诗联系起来。

（作者：黄富忠；选自《语文学习报》）

李白笔下的月光世界

在浩瀚缥缈又漫长的历史长河中，在我国古代文学作品里，月亮成了历代文人吟咏不厌的对象。人们喜欢把自己的喜怒哀乐、成败得失，溶进月光里，注入明月中，从而使月亮这一无生命的物象变得多姿多彩起来，形成独特的咏月之意象。

十五赏月图 ［清］汤贻汾

意象是中国古典诗词中一个独特的概念，它是融入了主观情意的客观物象，是经过诗人情感、想象、思想和审美情趣等重新处理的感觉。李白笔下的月是一个融合了诗人全部情感的月，月亮在李白眼中，就是他的精神之所在。他以月亮作为其诗中的"象"，概括起来，主要有以下几个方面：

以月亮象征对故乡、亲人、友人的思念之情："天借一明月，飞来碧云端。故乡不可见，肠断正西看"（《游秋浦白笴陂二首》），"月华若夜雪，见此令人思"（《秋山寄卫尉张卿及王征君》），"我寄愁心与明月，随风直到夜郎西"（《闻王昌龄左迁龙标遥有此寄》），等等。诗人也常把自己的这种个人之私情推而广之地来表现天下所有人的共同思想感情，如："边月随弓影，胡霜拂剑花"（《塞下曲》），"长安一片月，万户捣衣声。秋风吹不尽，总是玉关情。何日平胡虏，良人罢远征"（《子夜吴歌·秋歌》），等等。可见，"在情感寄托阶段，月亮已由独立的客观景物内化为人类情感的组成部分，创作主体以象征、移情等手法，将自我感情倾注到月亮意象上，主客体通过某种特定的感情活动和谐地融合在一起"。

以月亮象征美人和恋情。如："眉目艳皎月，一笑倾城欢"（《古风五十九首》），"翠娥婵娟初月辉，美人更唱舞罗衣"（《忆旧游》），"相看月未堕，白地断肝肠"（《越女词》），等等。这类诗总能给人以美的享受，使人感到一种朦胧的美感。李白之所以那么喜欢月亮，很大程度上就是因为月亮是美的代称、美的化身。

以月亮象征自己对人生理想的执着追求。李白的一生虽然怀才不遇，在痛苦与孤独中，作者并没有完全消沉，他一直都在为自己的理想而奋斗不止。因而，在李白的诗作中流露出宏愿伟志是必然的，不是吗？作者曾经唱出了"俱怀逸兴壮思飞，欲上青天揽明月"的慷慨高歌，而且，诗人始终都记住了自己的志向，他一直希望"长留一片月，挂在东溪松"。在这里，月的意象成了理想的象征。"俱怀逸兴壮思飞，欲上青天揽明月"（《宣州谢朓楼饯别校书叔云》），"我欲因之梦吴越，一夜飞度镜湖月"（《梦游天姥吟留别》）等，都是此类诗篇。

以月亮象征人的高洁品质。"了见水中月，青莲出尘埃"（《陪族叔当涂宰游化城寺升公清风亭》），"含光混世贵无名，何用孤高比云月"（《行路难》），再如"天清江月白，心静海鸥知"（《赠汉阳辅录事》），"卷帘见月清兴来，疑是山阴夜中雪"，"观心同水月，解领得明珠"（《赠宣州灵源寺仲濬公》），"明月不归沉碧海，白云愁色满苍梧"（《哭晁卿衡》），等等。

以月亮象征哲理的启迪。如著名的咏月诗《把酒问月》："今人不见古时月，今月曾经照古人。古人今人若流水，共看明月皆如此。"另如《携妓登梁王栖霞山孟氏桃园中》："梁王已去明月在，黄鹂愁醉啼春风。"《苏台览古》："旧苑荒台杨柳新，菱歌清唱不胜春。只今唯有西江月，曾照吴王宫里人。"

在李白的写月诗中，有一部分是纯粹写月亮这一自然物的诗。在它身上，根本找不到寄托的含义或象征意义，有时纯粹地把月亮作为描写对象。如"明月出天山,苍茫云海间""月下飞天镜,云生结海楼"等诗句就只是客观地描写月亮。有时它起点明时间的作用,"长安一片月,万户捣衣声",点明时间已到晚上,明月下的长安,传来千万捣衣之声。有时它是为了渲染月夜清幽或凄凉的环境而存在,"我欲因之梦吴越,一夜飞度镜湖月,湖月照我影,送我至剡溪""又闻子规啼夜月",都是为了渲染环境。

(作者:王琪瑜)

文史广角

山水文化

山水,在古代,作为自然的代称,具有自然的总体特征,代表着天地万物的根本品性。山水与文化息息相关,山水是文化的载体,文化是山水的生命。当我们漫游故宫,登上长城,我们的思绪就会回到过去,循着历史的踪迹追思似水流年;当我们登上岳阳楼,眺望烟波浩渺的洞庭湖,我们的耳边自然会回荡着范仲淹"先忧后乐"的忧国忧民之感慨。游览历史名胜,实际上是在翻阅一部感性的文明史书,是让自己的心灵与古人的心灵碰撞对话。那么,什么是山水文化呢?有人说它就是山水中蕴含和引发的文化现象,有人认为是在人与自然相互作用的漫长历史中,人不但创造了越来越丰富的物质财富,也积累了种种与自然山水息息相关的精神财富,这些精神财富构成了山水文化的丰富内涵。我们认为,应该从以下几个方面来理解:山水文化必须是与山水发生联系的文化活动,包括与山水风景发生关系的旅游、民俗及文学、书法、绘画、园林、建筑等各种内容;山水文化应该包括物质文化和精神文化两个方面;山水文化应该是一种审美文化。

山水文人

如果说,在先秦诸子百家的学说之中已经或隐或显地将文人山水情结的雏形建立起来,那么,六朝则是对此情结的实践和完善时期。中国士人真正自觉开始审美活动是在魏晋时期,此时风靡于世的玄学将老庄思想中抽象意味很浓的"自然"观引到了更为真切的现实之中,人们对"道"的体悟借助山水的某种特质得以实现。山水本身是天地之间固有的东西,是没有经过人为改造的、自然而然的物质形态,这与老庄所宣扬的返璞归真思想正好吻合,所以,山水进入人们视野成为审美对象就成了必然。

中国古代那些本就对生活敏感的文人，驻足山水之间难免触景生情并发出很多感慨，于是原本寂然的自然山水，因为人的登临而具有了丰富的意蕴，变成了人化的山水而更富有人情味。不过古代文人们所赋予山水的情感内涵，毕竟是由山水的固有特点和个人的人生经历相互感发而成，所以，文人对山水的感发也就不出爱国、思乡和闲适三种情怀。

屈原是中国最早的爱国诗人，当他面对国家危亡的局面，试图有所作为，但却被奸佞排挤而流放江南之时，跋山涉水之际，发出"入溆浦余儃徊兮，迷不知吾所如"感叹，不知道自己该何去何从，而"深林杳以冥冥兮，乃猿狖之所居；山峻高以蔽日兮，下幽晦以多雨；霰雪纷其无垠兮，云霏霏而承宇"，幽暗的山林景象，也使他产生出"哀吾生之无乐兮，幽独处乎山中"的无奈之情。但屈原的伟大就在于他有着"吾不能变心而从俗兮，固将愁苦而终穷"的人生理念，体现出他对理想的执着和对国家的眷恋与忧虑。

古代知识分子面对山水，除怀有忧国情怀之外，还有思乡情怀。因为，故乡是中国古代文人永远不能解开的情结，无论是在外求取功名，还是被贬谪他乡；无论是在朝为官，还是归隐山林，在他们的笔下思乡始终是写不完的话题。陶渊明说"羁鸟恋旧林，池鱼思故渊"，柳宗元被贬柳州后说"若为化得身千亿，散向峰头望故乡"，都是这种感情的婉转而强烈的流露。借山水以抒怀，尤其是借山水表达对故乡、故人的思念，在盛唐这个士人昂扬奋进的时代，表现得尤为明显，也更有代表性，这是盛唐时期士人复杂内心的反映。

陶渊明

不管是去过还是怀乡，士人总是能于山水之中获得精神的抚慰，陶渊明的《饮酒》诗写道："结庐在人境，而无车马喧。问君何能尔？心远地自偏。采菊东篱下，悠然见南山。山气日夕佳，飞鸟相与还。此中有真意，欲辨已忘言。"没有"终南捷径"的功利，没有失意后的颓废，有的只是"心远地自偏"的悠闲境界，是回归自然的心境和洒脱。这就是陶渊明以及古代文人的闲适情怀。

自然的山水触动了文人的情思,而文人又将自己的感情恰如其分地渲染于山水之上,难得有如此契合的沟通途径,不过正是这种人格化的山水才使自然山水更富有无穷的魅力和活力。

山水情思

中国山水文化资源丰富、底蕴深厚,是古人留给我们后人的一笔遗产。可当我们面临这样的现状:珠穆朗玛峰遍地狼藉,月牙泉濒临干涸,罗布泊消失,庐山五老峰开建轨道登山缆车,曹雪芹笔下的红楼梦大观园在华东一下子就冒出了7座,吴承恩笔下的西游记大观园有近40座……忽视自然风景区的环境保护,开发所谓的原始生态旅游项目,批量生产人造景观,诸位又有何感想?中国山水文化有着非常深厚的文化内涵,也有着非常高的经济、历史、科学和审美价值,这已经成为各界人士的共识,但应该怎样让这些价值充分地展现出来,使这些价值真正地落到实处呢?从上层领导到普通百姓,从专家学者到风景名胜区的管理人员,都在认真地思考,积极地参与,或总结经验,或展望未来,或献计献策,提出具体的方案。山水兴亡,匹夫有责!

富春山居图(局部)　　[元] 黄公望

趣味语文

桃花依旧笑春风

"去年今日此门中,人面桃花相映红。人面不知何处去,桃花依旧笑春风。"

唐德宗贞元年初,崔护考进士未中,便在长安找了个住处继续攻读,以备来年再考。清明节那日,崔护去城南漫步郊游。他愈走愈远,来到一处不曾来过的地方。小桥,流水,芳草遍地。举目望去,一片灿烂的桃林深处,有一户竹篱农家。

这时,他感到有些口渴,便来到竹篱外,轻叩篱门,高声问道:"有人在吗?"

随着应声,柴扉轻启,一位清丽的少女走了出来。"笑靥如桃艳,相看两不厌；执手更无言，秋波留一转。"

崔护连忙作揖说道："小生这厢有礼了，只因踏青信步闲游，不觉口中干渴，还望姑娘给碗水喝！"

"家母不在，恐有不便。"少女低眉说道。

"小生实在是干渴难当，还望姑娘通融。"

"那……好吧。"不多时，少女手捧香茶一碗来到低矮竹篱边。

"多谢姑娘！"崔护接过茶碗，不由得四目交接。良久，少女猛然间脸如桃花，转身奔入屋里。

饮罢香茶，崔护缓缓地把茶碗放在篱门外的草地上："多谢姑娘，小生告辞了。"

走了不远，崔护回首，只见少女正倚门顾望，似恋恋不舍。

第二年又到清明时节。崔护独自又寻觅到南郊外。然篱门半掩，屋门紧闭，少女已不见踪影，唯院外桃花依旧迎风开放，落英缤纷。他心情沮丧之余，便在左门扉上题下了《题都城南庄》诗。

这首描述物是人非、佳人不再的名作，后被广为传颂。后人常用"人面桃花"比喻曾经结识又寻觅不得的佳人，正是物是人非，红颜不再。汉朝一位能歌善舞的艺人李延年曾借助一歌描绘其妹的绝美姿色："北方有佳人，绝世而独立。一顾倾人城，再顾倾人国，宁不知倾城与倾国？佳人难再得！"后来"倾国倾城"也用于形容女子的绝世美貌。

四　镌刻在时光里的温暖

作家冰心曾说过："爱在左，情在右，在生命路的两旁，随时撒种，随时开花，将这一径长途，点缀得香花弥漫，使穿枝拂叶的行人，踏着荆棘，不觉得痛苦，有泪可落，却不是悲凉。"诚如冰心所言，一个心中有大爱的人，是一个心灵丰富、灵魂高尚的人。

胸有菩提树，笔下自清真。对于中学生来说，大爱情怀，绝不单单是一种给予，它更是收获——一种镌刻在心灵上的温暖。

主题阅读

独腿人生

应朋友之约，去他家议事。这是我第一次上他家去。朋友住在城南一幢别墅里。别墅是为有私车的人准备的，因此与世俗的闹市区总保持一段距离。我没有私车，只得坐公交车去。下车之后，要到朋友的别墅，若步行，紧走慢赶，至少也要四十分钟。眼看约定的时间就快到了，我顺手招了一辆人力三轮车。

朋友体谅我的窘迫，事先在电话中告知：若坐三轮，只需三元。为保险起见，我上车前还问了价。"五元。"车夫说。我当然不会坐，可四周就只有这辆三轮车。车夫见我犹豫，开导我说："总比坐出租合算吧，出租车起价就是六元呢。"这个账我当然会算。可五元再加一元，就是三元的两倍，这个账我同样会算。我举目张望，希望再有一辆三轮车来。车夫说："上来吧，就收你三元。"这样，我高高兴兴地坐了上去。

车夫一面蹬车，一面以柔和的语气对我说："我要五元其实没多收你的。"我说："人家已经告诉我只要三元呢。"他说："那是因为你下公交车下错了地方，如果在前一个站，就只收三元。"随后，他立即补充道："当然我还是收你三元，已经说好的价，就不会变。我是说，你以后来这里，就在前一站下车。"他说得这般诚恳，话语里透着关切。我情不自禁地看了看他，他穿着这座城市人力三轮车夫统一的黄马甲，剪得齐齐整整的头发已经花白了，至少有五十五岁的年纪。

车行一小段路程，我总觉得有点不大对劲，挺好的马路，车身却微微颠簸，不像坐其他人的三轮车那么平稳；而且，车轮不是滑行向前，而是向前一冲，片刻的停顿之后，再向前一冲。我正觉得奇怪，突然发现蹬车的人只有一条腿！

他失去的是右腿，一截黄黄的裤管，挽一个疙瘩，悬在空中，随车轮向前"冲"的频率前后晃荡着。他的左腿用力地蹬着踏板，为了让车走得快一些，臀部时时脱离坐垫，身子向左倾斜，以便把所有的力量都用在左腿上。

我猛然间觉得很不是滋味，眼光直直地瞪着他的断腿，瞪着悬在空中前后摇摆的那截黄黄的裤管。我觉得我很不人道，甚至卑鄙。我刚三十出头，有一百三十多斤的重量，体魄强壮，而他比我大二十多岁，身体精瘦，且只有一条腿。从他左腿肥大的裤管随风飘动的形态，我猜想他唯一的好腿一定瘦得可怜。然而，我却大模大样地坐在车上，让他用独腿带我前行。我的喉咙有些发干，心里被一种奇怪的惆怅甚至悲凉的情绪纠缠着，笼罩着。我想对他说："不要再蹬了，我走路去。"我当然会一分不少地给他钱，可我怕被他误解，

同时，我也怕自己的做法显得矫情，玷污了一种圣洁的东西。

前面是一带缓坡，我说："这里不好骑，我下车，我们把车推过去。"他急忙制止："没关系没关系，这点坡都骑不上去，我咋个生活啊？"言毕，快乐地笑了两声，身子便弓了起来，加快了蹬踏的频率。车子遇到坡度，便倔强地不肯前行，甚至有后退的趋势。他的独腿顽强地与后退的力量抗争着，车轮发出"吱吱"的尖叫，车身摇摇晃晃，极不情愿地向前扭动。我甚至觉得这车也是鄙夷我的！它是在痛恨我不怜惜它的主人，才这般固执的吗？车夫黝黑的后颈高高绷起一根筋来，头使劲地向前耸，我想他的脸一定是紫红的，他被单薄的衣服包裹起来的肋骨，一定根根可数。他是在跟自己较劲，与命运抗争！

坡总算爬上去了，车夫重浊地喘着气。不知怎么，我心里的惆怅和悲凉竟然了无影踪。我在为他高兴，并暗暗受着鼓舞。在我面前的，无疑是一个强者，他把路扔在后面，把坡扔在了后面，为自己"挣"来了坦荡而快乐的生活。

待他喘息稍定，我说："你真不容易啊！"

他自豪地说："这算啥呢！今年初，我一口气蹬过八十多里，而且还带

的是两个人!"

我问,怎么走那么远?他说:"有两个韩国人来成都,想坐人力车沿二环路走一趟,看看成都的风景。别人的车他们不坐,偏要坐我的车。他们一定以为我会半路出丑的,没想到,嘿,我这条独腿为咱们成都人争了气,为中国人争了气!"

我不知道该说什么好,既心酸,又豪迈,是那种近乎悲壮的情感。

车夫又说:"下了车,那两个韩国人流了眼泪,说的什么话我也不懂,但我想,他们一定不会说我是孬种。"

不由自主地,我又看着他的那条断腿。我很想打听一下他的那条腿是怎么失去的,可终于没有问。事实上,这已经无关紧要了。他已经断了一条腿,而剩下的这条独腿支撑起了他的人生和尊严,这就足够了。我想,如果那条断腿也有在天之灵,它一定会为它的左腿兄弟感到骄傲,一定会为它的主人感到自豪。

离别墅大门百十米远的距离,车夫突然刹了车。"你下来吧。"他说。

我下了车,给他五元钱。

他坚决不收:"讲好的价,怎么能变呢?你这叫我以后咋个在世上混哪?"

我没有勉强,收下了他找我的两元钱。

我正要离去时,他不好意思地说:"我本应该把你送进门的,可那是一幢高级别墅,往别墅去的人,至少应该坐出租啊……我怕被你朋友看见……"

我的眼泪流了下来。我天生是不大流泪的人。

朋友果然在大门边等我。他望着远去的车夫说:"你为什么不让他送进来?那些可恶的家伙总是骗一个是一个!你太老实了。"

议完事,朋友留我吃饭,我坚决拒绝了。

我徒步走过了那段没有公交车的路程。我从来没有与自己的两条腿这般亲近过,从来没有觉得自己的两条腿这般有力过。

(作者:罗伟章;选自《中学生阅读》2002年第5期)

赏析

文章摄取的是"我"搭三轮车到朋友家议事这样一个生活片段,这本是生活中极平常的一件事,却折射出了车夫独特的人格魅力。

作者塑造这个人物,调动了多种艺术手法。从一开始的讲价钱,这个细节已经让车夫的诚实显现,接着写到"我"发现车夫的残疾,既通过细节描绘车夫的"在跟自己较劲,与命运抗争"的具体表现,又用"我"的感受衬托并强化那感人的场面,一个"为自己'挣'来了坦荡而快乐的生活"的强者形象,活生生地凸显出来,而最后收钱时说的"讲好的价,怎么能变呢",语言朴质、坦率,再一次呼应前面对车夫诚实品格的描写,圆满完成了一个坚强、乐观、诚信的有血有肉有灵魂的人物塑造。

母亲的手

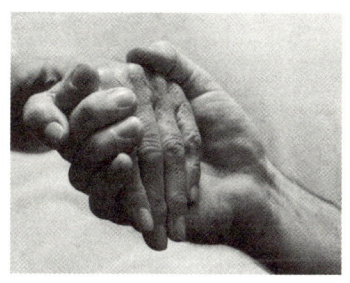

在异乡做梦,几乎梦梦是真。而梦境每如倪云林的山水,平、漠、淡、远,殊少浪漫绮丽的了。也许就是总提挂着,那无法忘却"梦里不知身是客"的情怀所使然的吧。"平林漠漠烟如织,寒山一带伤心碧。暝色入高楼,有人楼上愁。玉阶空伫立,宿鸟归飞急。何处是归程?长亭更短亭。"李白这首《菩萨蛮》,确乎把我梦境皴染出来了。梦境虽属平漠淡远,却是画意诗情。从黄子久的"富春山居"、赵孟頫的"鹊华秋色"、夏仲昭的"长江万里",到唐寅的"山路松声"以及董巨笔下的秋岚深景与江南真山,还有花莲太鲁、乌来飞瀑,将梦乡装点得不忍醒来。梦境也常有满天如飘絮的诗句,忽而排成人字雁阵,在肃杀、庄穆、澄澈又复高远的秋空中,冉冉南徂。也多次从梦中踢被跃起,不及揽衣追腾空际,那雁阵却已去远。孤自失落,残阳中,让一声幽怨的雁鸣惊醒。

去秋匆匆返台一行,回来后,景物在梦中便很是依稀了,而人物的比重则日复一日增加起来。这真是颇令人惊心动魄的现象,却也是一种颇残酷的事实。试想,你在梦乡方与旧人握手、把酒、高歌、欢言、争辩、漫步……过,觉来讶然自己竟身在迢迢万里大海关山之外,其不堪、其酷寂,或非弃梦之痛所可比。近年,人物中的师长、故交、新友和亲戚们,也都相继渐隐,独留下母亲一人形象,硕大磐固,巍伟如泰山,将梦境实然充沛了。

那夜,我梦见母亲。母亲立于原野。背了落日、古道、竹里人家、炊烟、远山和大江,仰望与原野同样辽阔的天际。碧海青空中,有一只风筝如鲸,载浮载沉。母亲手中紧握住那线绕子,线绕子缠绕的是她白发丝丝啊。顷刻，大风起兮，炊烟散逝，落日没地，古道隐迹，远山坠入苍茫，而江声也淹过了母亲的话语……母亲的形象渐退了，我的视线聚焦在她那一双手，那一双巨手，竟盖住了我泪眼所能见的一切。那双手，使我走入这世界之门；那十指，是不周之山顶处的烛火，使我的世界无须太阳的光和热。

母亲的手，在我有生第一次的强烈印象中，是对我施以惩罚的手。孩童挨大人骂挨大人揍是不免的，但我却怎么也想不起任何挨母亲打的片段来，连最通常的打手心打屁股都没有。虽如此，母亲的惩戒更甚于打，她有揪拧的独门绝招。我说绝招，是她揪拧同时进行——揪起而痛拧之。揪或拧，许是中国母亲对男孩子们惯用的戒法，除了后娘对"嫡出"的"小贱人"尚有"无可奉告"的狠毒家法外，大概一般慈母在望子成龙的心理压力驱使下，总会情急而出此的。

我的母亲也正如天底下数亿个母亲一样，对我是"爱之深，责之切"的。特别是小时候，国有难，民遭劫，背井离乡，使得母亲对她孩子们律之更严，爱之益切，责之越苛。母亲之对我，虽未若岳母之对武穆，但是，在大敌当前的大动乱时代，大勇大义之训，使母亲与任何一位大后方逃难的中国母亲一样，对子女的情与爱，可向上彰鉴千秋日月。在贵州安顺，有一年，家中来了远客，母亲多备了数样菜，这对孩子们来说，可是千载难逢"打牙祭"的大好机会了。我因图贪嘴，较往常多盛了半碗饭，可是，扒了两口，却说什么也吃不下了。隔了桌子，我瑟缩地睇着母亲。她的脸色平静而肃然，朝我说："吃完，不许剩下。"我摇头示意，母亲脸色转成失望懊忿，但仍只淡淡地说："那么就下去吧，把筷子和碗摆好。"在大人终席前，我不时偷望着母亲，她的脸色一直不展，也少言笑。到了夜里，客人辞去，母亲控制不了久压的情绪，一把拽我过去，没头脸地按我在床上，反了两臂，上下全身揪拧，而且不住说："为什么明明吃不下了还盛？有得饱吃多么不易，你知道街上还有要饭的孩子吗？"揪拧之后，我看见母亲别过头去，坐在床沿气结饮泣。从此以后，我的饭碗内没再剩过饭。

当然，母亲的手，在我的感情上自然也有其熨帖细腻的一面。那时，一家大小六口的衣衫裤袜都由母亲来洗。一个大木盆，倒进一壶热水后，再放入大约三洗脸盆的冷水，一块洗衣板，一把皂角或一块重碱黄皂，衣衫便在她熟巧之十指下翻搓起来了。安顺当时尚无自来水，住家在院中有井的自可汲水来用,无井的便需买水。终日市上沿街都有担了两木桶水(水面覆以荷叶)的卖水的人。我们就属于要买水的异乡客。寒冻日子,母亲在檐下廊前洗衣,她总是涨红了脸,吃力而默默地一件件地洗。我常在有破洞的纸窗内窥望,每洗之前,母亲总将无名指上那枚结婚戒指小心取下。待把洗好的衣衫等穿上竹竿挂妥在廊下时,她的手指已泡冻得红肿了。待我们长大后,才知道母亲在婚后头数年里,曾过着颇富裕的"少奶奶"生活的,大哥、我、三弟,每人都由奶娘带领。可是,母亲那双纤纤玉手,在炮火下接受了洗礼,历经风霜,竟脱胎换骨,变得厚实而刚强,足以应付任何苦难了。

也同样是那双结满厚硬的茧的手,在微弱昏黄的油盏灯下,毫不放松地,督导着我们兄弟的课业。粗糙易破的草纸书,一本本,一页页,在她指间如日历般翻过去。我在小学三年级那年,终因功课太差而留级了。我记得把成绩单交给母亲时,没有勇气看她的脸,低下头看见母亲拿着那张"历史实录"的手,颤抖得比我自己的更加厉害。可是,出乎意料地,那双手,却轻轻覆压在我的头上,我听见母亲平和地说:"没关系,明年多用点功就好了。"我记不得究竟站了多久,但我永远记得那双手给我留下的深刻印象。

冬夜,炉火渐尽,屋内的空气更其萧寒,待我们上床入睡后,母亲坐在火旁,借着昏灯,开始为我们的衣袜缝补。有时她用锥子锥穿厚厚的布鞋底,再将麻绳穿过针孔,一针一针地勒紧,那痛苦的承受,大概就是待新鞋制好,穿在我们脚上时,所换得的欣快的透支吧!

慈母手中线 雕塑

然则,就在那样的岁月中,母亲仍不乏经常兴致高涨的时候。每到此际,她会主动地取出自北平带出来的那管玉屏箫和一支笛子,吹奏一曲。母亲常吹的曲子有《刺虎》《林冲夜奔》《游园惊梦》和《春江花月夜》。那双手,如此轻盈跳跃在每个音阶上,却又是那般秀美而富才情的了。

去夏返台时,注意到母亲的手上添了更多斑纹,也微有颤抖,那枚结婚戒指竟显得稍许松大了。有一天上午,家中只留下母亲和我,我去厨房沏了茶,倒一杯奉给她。当我把杯子放在她手中时，第一次那样贴近看清了那双手，我却不敢轻易去触抚。霎时间那双手变得硕大无比，大得使我为将于三日后离台远航八千里路云和月找到了恒定的力量。

母亲的手，从未涂过蔻丹，也未加过任何化妆品的润饰。唯其如此，那是一双至大完美的手。

1978年7月

（作者：庄因；选自《流浪的月亮》）

赏析

本文借写妈妈的"手"，唤起的是一段沉甸甸的回忆，拾起的是一段沉甸甸的母爱。作者从记忆中呼唤出的母亲的手所留下难忘印象的这二三事，十分典型、生动、深刻地完成了以手写心、以手传神、以手见人的形象刻画。

全文由梦境与回忆两大部分有机地组接而成。先从似真似幻的梦境入手，写梦又是始于游子思乡的淡远山水画面，继之于返台后回来景物依稀、人物突出的梦境转换，终至于人物形象里其他亲朋一一隐退，"独留下母亲一人形象""巍伟如泰山，将梦境突然充沛了"。接着便描绘了一幅慈母入梦的充满诗意的画面，再由慈母在原野上手绕白发放风筝的这一富有象征意味的人物画上，引导人们将视线凝定于母亲的双手，有条不紊，丝丝入情地转入实写记忆中母亲的手。结笔处又深情回眸，补写一笔而今所见的母亲的手，将梦境中的和记忆中的母亲的手做了总束性的关合。文章运笔有致，开阖自如，放得开，收得紧，以舒缓的节奏起步，移步换景，步步引人入胜。

含英咀华

平淡之中显风华
——赏析《背影》的语言艺术

《背影》是一篇回忆性散文，作者朱自清怀着真挚的感情，抓住了瞬间的生活感受，抒写了父子间的深情。这篇文章之所以能够从面世至今感动了一代又一代的读者，除了文章所叙的人伦亲情感人至深之外，其语言的魅力更是值得我们品析的。

一、简洁干净

文章不但没有多余的词语修饰，并

且提炼得非常简洁。托尔斯泰说："人的智慧越是深奥，其表达想法的语言就越简单。"

郑板桥诗云："削繁去冗留清瘦。"言不在多，达意则灵。简洁是说话的最高境界。读《背影》时，带给人的感受最直接的就是感动，再读你会发现，一字一句是那么的真挚朴实，全文无一处不是提炼至最精简的地步的。通篇是大白话，但又感觉处处都有诗的意味。仅从文章开头短短几段便能看出其中的寓意，短短的几个字写出的内容却不少，最关键的还是一开头就紧紧地抓住了读者的心。"不相见已二年余了"，还有能比这还精简的写法吗？第二段中对家庭变故的交代，对自己伤心落泪的描写，对父亲宽慰儿子的语言描写等，无一不体现语言简洁干净的特色。

二、朴实真挚

《背影》全文运用通俗易懂的语言描述父子之间真挚的情感，通过一幕幕现实生活中存在的场景，真挚地体现了亲人与亲人之间那种朴实无华的心灵感应。如送行那一段，全文大白话的直白抒发着彼此的情感，为文章的整体表达提供真挚的情感衬托，通过一句句、一字字地分析解剖，用最没有华丽外表的辞藻，却能表达出任何华丽辞藻所不能赋予的真实情感，文章中父亲对着茶房絮絮叨叨的生动描写，说明父亲为了儿子已经做到了事无巨细般的关怀，并且事事考虑相当周到，体现了父爱的伟大。

三、古朴典雅

本文中出现了很多文言句式，不仅反映了作者的文学功底之深，而且也体现了写作此文时所在的大环境，更主要的可能是与作者所表达的精神与感情相融合。有些词句，作者用了自己的一些所想表达的意思进行抒发，例如"失业"，作者写成了"赋闲"，这样更能体面地表达所要表达的意思，阅读此文的人也不会感到突兀。本文最后一段中，既因父亲来信是文言，引用原文，更见真实，也因表达的尽是家庭和父亲的困境和苍凉的心情，因此也用了许多文言词句，或许作者觉得这样才能更好地表达他那时的情感吧。这也笼上了一层时代赋予小资产阶级知识分子的特殊语言色彩。但我们看到，文章中所使用的文言词语在语体色彩和感情色彩两个方面都是极贴切的。这篇文章读来是那么的典雅文质，这与文章中的如"赋闲""差使也交卸了""颇踌躇了一会"等词句的写法有关，这决定了文章的语言风格；还有就是每当写到自己和家人的情感的时候，因为是在"祸不单行"的背景下，人物的心情总是那么沉郁，作者才引用父亲的来信,当然是突出其真实,而其中的"如此颓唐""触目伤怀""情郁于中""举箸提笔,诸多不便"等词一方面写出了父亲的不令人满意的晚景,也写出作者读信于"晶莹的泪光中"再现父亲的背影的情形,同时也自然又体现了文章语言的古朴与典雅。《背影》中的文言词语不但不会成为不足,相反它成了内容和语言和谐统一的一个重要组成部分。

四、白描写意

在写法上,《背影》的主要特点是白描。所谓白描就是不加任何辞藻的修饰,运用最质朴、最实际、也是最有说服力的平时日常生活中的语句进行堆砌,平凡中产生不平凡的效果,让读者产生身临其境的感觉,仿佛置身于作者所设的场景中,达到文章整体的升华。

《背影》中作者白描的技艺很高。如描写父亲穿过铁道为儿子买橘子的一段,记述了当时父亲的穿着打扮、体态动作,特别着重描绘了过铁道的情景。写父亲的穿着打扮时,文中几个不起眼的写颜色的词不知怎么的,很容易引起人们的注意。这或许是它们和父亲的体态、动作连在一块写出来的原因吧?父亲的体态不美:"父亲是一个胖子",且走路时还是脚步"蹒跚"的;父亲的衣着也不美:"戴着黑布小帽,穿着黑布大马褂,深青布棉袍。"呈现出来的颜色不是"黑"就是"青",这些有点沉重的颜色的描绘更是让人想到父亲买橘子过程的艰难,也更加可以写出父亲的爱子之心。等到橘子买了回来时,作者着一"金黄"色,让之前的沉重好似他的心情一样变得"轻松"明亮起来了。难得的是,作者将这些和人物的动作连在一起写。一直以来,人们都对这节中动作描写很关注,那是因为这简直就可以说是白描的典范。文章这样写来:父亲是"蹒跚"地"走到铁道边",再"慢慢探身下去";爬上月台时,"他用两手攀着上面,两脚再向上缩;他肥胖的身子向左微倾,显出努力的样子"。这里作者用极朴实的文字,再嵌入生动传神的动词如"探身""手攀""脚再向上缩",进行连续性的描写,细致入微而又生动形象地勾画了父亲的形象。八年前那感人的一幕,作者只用了那么一段文字就将当时的场景再现,给人留下了丰富的想象和再创造的空间,有着强烈的艺术感染力,我们不得不佩服朱自清的描写技巧。

总之,作品语言平易自然,描写平实细致,在淡淡的笔触中营造浓浓的亲情,《背影》中父亲的舐犊情深,历久传诵,感人肺腑。而它与作者其他的一些美文一起奠定了朱自清作为现代散文大家的地位。在人们感动于其创作的一篇篇优美动人的文章时，我们也一定会为作者精湛的语言艺术所折服。在简单、朴素、平淡的艺术形式中寓真情、风华、腴厚。而这些特点也成就了《背影》的艺术风采。

（作者：吕伟敬）

读写津梁

朱自清读书轶事

朱自清

朱自清是现代著名的散文家、诗人、文学研究家。他自幼从父母那里接受启蒙教育，喜欢吟诵唐宋名家诗词，从小养成了良好的读书习惯。朱自清治学严谨，读书极多，且很有心得，总结他的这些读书轶事，对于后人来说很有启发意义。

朱自清在上中学时就非常喜欢读书，当时家里每月给他一元零花钱，他大都花在了书店里，而且还常常欠账。引发他对哲学感兴趣的一部《佛学易解》，就是他从家乡的一家书店里赊来的。后来在北京大学读书时，他还为了一部新版的《韦伯斯特大字典》，不惜当掉自己身上的一件皮大氅，以此换回了那本书。由此可见，朱自清对书真是痴迷到了极点。

朱自清读书特别重视做笔记，分门别类地摘抄卡片，他用这种方法积累了大量的研究资料。他一生不仅写了大量脍炙人口的散文，而且还有丰富的文学理论著述，这与他坚持做笔记、勤奋读书是分不开的。他写的《语言志辩》等著作，不仅见解精辟透彻，其论据之丰富也十分令人吃惊。他这种手脑并用的读书方法，连同严谨踏实的治学态度，曾受到教育界和学术界人士的普遍赞扬。

在读书方法上，朱自清主张通读，强调"读"的功夫。在《论朗读》一文中，他推崇清人姚鼐"放声疾读，久之自悟"和曾国藩"非高声朗读则不能得其雄伟大概，非密咏恬吟则不能探其深远之韵"的观点。读古文如此，读白话文也是这样，诗词需要吟诵，经典著作也需要反复熟读。对此他说："经典给人知识，教给人怎样做人，其中有许多语言的、历史的、修养的课题，有许多注解，此外还有许多相关的考证，读上百遍，也未必能够处处贯通，教人多读是有道理的。"

朱自清读书做事有自己的原则，不怕得罪人，与同事相处一向为别人考虑。他在辞去清华图书馆馆长之前，特地把一个不称职的馆员给辞掉了，以免给后任带来麻烦。据传说，当时清华学生"不拿他这个图书馆馆长当回事儿"，一位学生因在图书馆里找不到所要借的书，竟将电话打到朱自清家里，让他到图书馆来帮着找，想不到朱自清还真答应了他的要求。他的认真劲还体现在教学上，他开设的选修课"文辞研究"只有一个学生，尽管这样，朱自清仍然如平常一样地讲授、考试。

朱自清一生勤奋写作，留下著述近30种，200余万字，主要有诗文集《踪迹》，散文集《背影》《欧游杂记》，文艺论集《诗言志辨》和《朱自清古典文学论文集》等。有人这样评价朱自清，说他的成功之处，是善于通过精确的观察，细腻地抒写出对自然景色的内心感受，并且能表达得恰如其分，或淡或浓，味道极正而且醇厚。朱自清的这些成就，与他的刻苦读书不无关系。

(作者：艾里香)

作文的基本态度

我曾看了不少关于文章作法的书籍，觉得普通的文章，其好坏大部分和态度问题有关；只要能了解文章的态度，文章就自然会好，至少可以不至十分不好。古今能文的人，他们对于文章法诀各有各的说法，一个说这样，一个说那样，但是千言万语，都不外乎以读者为对象，务使读者不觉苦痛厌倦而得趣味快乐。所谓要有秩序，要明畅，要有力等，无非都是想适应读者的心情。因为离了读者，就可不必有文章的。

要使文章能适合读者的心情，技巧的研究原是必要，态度的注意却比技巧更加要紧。技巧属于积极的修辞，大部分有赖于天分和学力；态度是修辞的消极的方面，全是情理范围中的事，人人可以学得的。要学文章，我以为初步先须认定作文的态度。作文的态度就是文章的 ABC。

初中的学生，有的文字已过得去，有的还不大好。现在作文用语体，只要学过了语法的，语句上的毛病当然不大会有；而平日文题又很有自由选择的余地，何以还有许多的毛病呢？我以为毛病都是由态度不对来的。态度不对，无论加了什么修饰或技巧，文字也不能像样，反觉讨厌，好像五官不正的人擦上了许多脂粉似的。

文章的态度可以分六种来说。我们

执笔为文的时候,可以发生六个问题:

(1) 为什么要作这文?

(2) 在这文中所要述的是什么?

(3) 谁在作这文?

(4) 在什么地方作这文?

(5) 在什么时候作这文?

(6) 怎样作这文?

用英语来说,就是 Why? What? Who? Where? When? How? 六字可以称为"六 W"。现在试逐条说述。

(1) 为什么要作这文?这就是所以要作这文的目的。例如:这文是作了给人看的呢,还是自己记着备忘的?是作了劝化人的呢,还是但想使人了解自己的意见,或是和人辩论的?是但求实用的呢,还是想使人见了快乐感得趣味的?是试验的答案呢,还是普通的论文?诸如此类,目的可各式各样,因了目的如何,作法当然不能一律。普通论文中很细密的文字,当作试验答案就冗琐讨厌了。见了使人感得趣味快乐的美文,用之于实用就觉不便了。周敦颐的《爱莲说》,拿到植物学中去当关于说明"莲"的一节,学生就要莫名其妙了。所取的题目虽同,文字依目的而异,认定了目的,依了目的下笔,才能大体不误。

(2) 在这文中所要述的是什么?这是普通所谓题义,就是文章的中心思想。作文能把持中心思想,自然不会有题外之文。例如在主张男女同学的文字中,断用不着"乾道成男,坤道成女""男子三十而娶,女子二十而嫁"等类的废话。在记述风灾的文字中,断不许有飓风生起的原因的科学的解释。我在某中学时,有一次入学试验,我出了一个作文题"元旦",有一个受试者开端说"元旦就是正月一日,人民于此日大家休息游玩……"等类的话,中间略述社会欢乐情形,结末又说"……不知国已将亡,……凡我血气青年快从今日元旦觉悟……"等,这是全然忘了题义的例。

(3) 谁在作这文?这是作者的地位问题,也就是作者与读者的关系问题,再换句话说,就是要问以何种资格向人说话。例如:现在大家同在一个学校里,假定这学校还没有高级中学,而大家都希望添办起来,将此希望的意思,大家作一篇文字,教师的文字与学生的文字,是应该不同的。校长如果也作一篇文字,与教师、学生的亦不相同。一般社会上的人,如果也提出文字来,更加各各不同。要点原是一致,而说话的态度、方法等,却都不能不异的。同样,子对于父和父对于子不同,对一般人和对朋友不同,同是朋友之中,对新交又和对旧交不同。记得有一个笑话，有一学生写给他父亲的信中说："我钱已用完，你快给我寄十元来，勿误。"父亲见信大怒。这就是误认了地位的毛病了。

（4）在什么地方作这文？作这文的所在地也有认清的必要，或在乡村，或在都会，或在集会（如演说），或在外国，因了地方不同，态度也自须有异。例如在集会中，应采眼前人人皆知的材料，在乡村应采乡村现成的事项。在国外，用外国语，在国内，应用本国语（除必不得已须用外国原语者外）。"我们的father""你的wife"之类，是怪难看难听的。

（5）在什么时候作这文？这是自己的时代观念，须得认清的。作文在前清，还是在民国成立以后？这虽是大家都知道的事，但实际上还有人没了解。现在叹气早已用"唉"音了，有许多人还一定要用"呜呼""嗟乎"；明明是总统，偏叫作"元首"，明明是督军，却自称"疆吏"；往年黎元洪的电报甚至于使人不懂，这不是时代错误是什么？

（6）怎样作这文？上面的五种态度都认清了，然后再想作文的方法。用普通文体呢，还是用诗歌体？简单好呢，还是详细好？直说呢，还是婉说？开端怎样说？结末怎样说？说大旨，后说理由呢，还是先说事实，后加断定？怎样才能使我的本旨显明？怎样才能免掉别人的反驳？关于此种等等，都须自己打算研究。

以上六种，我以为是作文时所必须认清的态度，虽然很平凡，却必须知道，把他联结起来，就只是下面的一句话：

谁对了谁，为了什么，在什么地方，什么时候，用什么方法，说什么话。

如果所作的文字依照这里面的各项检查起来，都没有毛病可指，那就是好文字，至少不会成坏文字了。不但文字如此，语言也是这样。作文说话时只要能够留心这"六W"，在语言文字上就可无大过了。

（作者：夏丏尊；选自《文章作法》）

文史广角

罗素的中国之行

伯特兰·罗素是20世纪英国声誉最著、影响最大的思想家和社会活动家。他的学术研究及著述以哲学为中心，并广泛地涉及自然与人文科学的各个方面。他一生始终坚持把自己的理论付诸社会实践。1920年，罗素曾来中国讲学访问，传播十月革命真理和现代科学知识，他对中国传统文化做出深入分析之后曾寄予很大的希望。

1917年十月革命的胜利使罗素很受鼓舞。1920年春天，他应邀访问了苏联，并见到列宁。同年8月，罗素偕后来成为他妻子的朵拉·布莱克来到中国，曾先后在上海、杭州、武汉、长沙、北京等地讲学访问，会见了中国许多学术界人士，受到热烈欢迎。当时中国正处在五四新文化运动的时期，各种思想极为活跃。不仅上层知识分子读他的书，听他的演讲，而且社会广大群众也通过各种宣传渠道受到影响。他们第一次听到一位英国贵族批判英帝国主义，第一次发现一个英国人从中国人的观点考虑中国问题，感到惊奇和饶有兴趣。

在北京，罗素举行了5次正式的讲学报告：关于数理逻辑、物的分析、心的分析、哲学问题与社会结构等，这些大都先后成书出版，另外也讲了政治及宗教的课题。罗素还以他卓越的演说才能通俗地介绍了爱因斯坦的相对论，对于现代科学知识在中国的普及起了某些作用。更重要的是，他在中国介绍了各种社会主义流派，介绍了苏俄和列宁，对于中国的思想界产生一定的影响。听他演讲的人从梁启超到各种社会主义流派以及共产主义小组的成员都有。

罗素（前排右一）来华讲学

近一年的中国之行给罗素留下了很深的印象。访问期间，他从中国寄回英国的报道和文章都是以高度赞扬的口吻描写中国的文化传统和勤奋好学的人民。他在致友人的信中说："这个国家比意大利更古老、更富有人情味。这里风景如画，人民乐观，和蔼可亲……他们像18世纪的法国人那样机智。"罗素此行也得以有机会研究中国的生活和思想，回国后写成《中国问题》一书。书中表示出对现实中国命运的十分关心，讨论了中国将在20世纪历史中发挥的作用。他指出中国问题的症结所在，并为中国拟定建设计划，希望中国能采用现代化生产的方式迅速改变落后的面貌，同时诉诸社会主义。

罗素离开中国后曾到日本逗留几天。他对日本侵略中国大为愤慨。而且在英国帝国主义屠杀中国人时，他也是站在中国人一边大声疾呼。这以后直到他逝世为止的数十年中，罗素始终没有改变他对中国人民的友好感情。

罗素也非常热爱中国文化。他曾对当时正处于西方文明与其固有文明相互冲激的时代里的中国进行了剖析，写下《中国与西方文明之比照》的专论。罗素对中国传统儒家尤为倾慕，认为"儒家很成功地使整个中国保持优美的风度与完美的礼节"。他并由此联系到19世纪以来中国人民遭受西方列强欺凌的事实指出："当我注意到早年的中国人以平静的尊严承当白种人所加之残暴的无礼，而他们中国人并不以暴易暴时，我深觉羞愧。"

罗素还对当时中国普遍掀起的向西方学习的热潮寄予极大希望，指出："每年都有许多中国学生到欧美留学。这些留学生回国以后……很快使中国人现代化，尤其以知识分子为甚。""我毫不犹疑地相信，假若中国能有一个安定的政府和足够的基金，中国人在以后30年中，将在科学方面得到可观的成就。我觉得他们很可能超过我们西方人，因为他们具有一种清新的兴味和一种文艺复兴式的热忱。"

（作者：刘江）

《背影》背后的故事

朱自清先生的散文《背影》历来被奉为经典，文中含蓄而深刻地表现了父子之间的深挚情感。但在现实生活中，朱自清与他的父亲朱小坡之间却长期存在着尖锐的矛盾。

《背影》的创作时间与"背影"故事的发生时间相隔八年，其间朱自清与其父失和是众所周知的。1920年，朱自清从北大毕业后到一所中学任教，此时其父因贫病交加而债台高筑。虽然朱父不满意儿子当老师，但儿子毕竟有了经济来源，因此他认为儿子理当负担家庭生计。朱自清的妻子曾说："你（指朱自清）有事以后，虽统共拿70块钱，他们却指望你很大。他们恨不得你将这70块钱全给家里。"（《小说月报》1923年14卷6号）所以，朱自清大半辈子都处于父亲给他的经济重压之下。其弟朱自华曾回忆说："从大哥踏上工作岗位的第一天起，他便按月负责偿还父亲达四千元的高利贷（后与二哥一起偿还），直到逝世前不久才还清。"（朱自华《朱自清与〈背影〉》，《人民政协报》1998年10月25日）然而，做中学教员的朱自清收入并不高，况且他自己也组建了家庭，给父亲的钱不可能达到父亲的期望值。于是，朱父就臆测儿子变了心，再加上其后妻的挑拨，父子之间在经济问题上便发生了一次又一次的摩擦。

1921年暑假，朱自清回到家乡，在扬州八中任教务主任，朱父竟凭借与校长的私交，让校长将儿子每月的薪金直接送到家里，朱自清本人不得支领。一个月后，朱自清愤然离家，到杭州执教。次年初春，朱自清将家眷从扬州接到杭州。1922年暑假，朱自清为缓和父子矛盾，带着妻儿回扬州，朱父先是不准他进门，后来则是不予理睬。朱自清在扬州过了几天没趣的日子后悻悻离去。

1923年4月，朱自清以前妻武仲谦为原型写了《笑的历史》。发表后，朱父大为不满，父子之间的冲突更加尖锐，这就是《毁灭》中所说的"败家的凶残""骨肉间的仇恨"。当年暑假，朱自清再次回家，父子关系仍未好转。

父子间的僵持使朱自清一直很自责，他曾多次写信认错，请求父亲原谅。但朱父极少回信，唯一一次回信也只字不提父子关系，而只谈到自己的生死："我身体平安，唯膀子疼痛厉害，举箸提笔，诸多不便，大约大去之期不远矣。"接到这封信后，身为人子的朱自清自然心潮难平。虽然父亲对自己的不公长久以来郁积在心，但想起父亲以往对自己的爱，想到父亲为人处世的艰难，想到自己也许再也没有机会弥补过失，朱自清的心里可谓五味俱全，内疚、感恩、忏悔、悲伤一齐涌上心头，《背影》一文便在这种复杂情感之下产生了。朱自清在文中表达了对父亲的忏悔之情，父子间的矛盾得以缓解。几年后，朱小坡带着满足的微笑去世。

短短1500字的《背影》里蕴含着朱自清漫长的生活史、情感史和思想史，《背影》背后的故事更让我们看到了人性中真实的一面，体会到了生活的无奈与艰辛。

（作者：张树军；选自《语文知识》2006年7月）

茅盾散文的诗意美

茅　盾

茅盾是杰出的叙事诗人，也是抒情的能手。在自然的或社会的现实图景面前，他精骛八极，心游万仞，以艺术家的洞察力和匠心，把深刻的哲理幻化为富有象征性的形象，创造出诗的意境，让读者在美的享受中领悟某种人生真谛。读这样的散文，我们所受到的启迪和领略的诗意美，和读那种意味深长的叙情诗有多少区别呢？

与茅盾的其他散文相比，《白杨礼赞》与《风景谈》更加不同凡响。在托物言志的艺术画廊里，单就草木而言，从苍松翠柏修竹弱柳，到春兰秋菊红菱白莲，乃至菟丝女萝枯藤衰草，都曾被历代诗文描摹吟咏过，而白杨树却难得登上艺术的大雅之堂。但是，西北这种极普通的树一经茅盾青眼相识，就脱颖而出，以一个崭新的艺术形象出现于现代文学的画卷之上，矗立于广大读者心中。

那是力争上游的一种树，笔直的干，笔直的枝。它的干通常是丈把高，像加过人工似的，一丈以内绝无旁枝。它所有的丫枝一律向上，而且紧紧靠拢，也像加过人工似的，成为一束，绝不旁逸斜出；它的宽大的叶子也是片片向上，几乎没有斜生的，更不用说倒垂了；它的皮光滑而有银色的晕圈，微微泛出淡青色。这是虽在北方风雪的压迫下却保持着倔强挺立的一种树！哪怕只有碗那样粗细，它却努力向上发展，高到丈许，两丈，参天耸立，不折不挠，对抗着西北风。

文章给白杨树所作的一幅准确素描的丰富内蕴已经足够读者品味了，接着，作者抑制不住火焰般的热情，把对这"树中的伟丈夫"的钦敬与赞美尽情地倾吐出来，并用一连串的反诘句，字字千钧地叩击着读者的心扉，使人对这"西北极普通的一种树"，刮目相看，肃然起敬。这里，"傲然耸立，像哨兵似的树木"的艺术形象，同朴质、严肃、坚强不屈的北方抗日军民的英雄群像完全融为一体了。作者还以"贵族化的楠木"做对比，辛辣地讽嘲了那些"看不起民众、贱视民众、顽固的倒退的人们"。谁能说这不是诗的表现手法呢？

如果说《白杨礼赞》像一首气势磅礴、激情昂扬的歌，那么《风景谈》则宛如一组清新明丽、多彩多姿的画。《风景谈》名为谈风景，实为描述叱咤风云的陕北抗日军民的劳动、学习与战斗生活。作者像高明的画家那样，时而精勾细摹，时而挥洒点染。文章所展示的画面，有的恬静幽美，有的热烈欢快，有的闲适惬意，有的雄健刚劲，所有山川草木风物肖像，都那样惟妙惟肖、逼真传神。可以说，《风景谈》每一段文字都像一首诗，每首诗都展现出一幅画，每一幅画都含着浓郁的诗意，诗情画意浑然一体，艺术上达到高度的和谐与完美。如果不是丹青妙手，如果不是笔端饱蘸激情，决然描画不出这样诗意盎然的胜景来。这样的妙文,即使是身处其境的人读后,也会惊奇地发现:"啊,原来我们这里的风景这样美呀!"

茅盾发现并成功地描绘了陕北高原大自然的全部壮丽,把那里大自然中"睡眠着的思想"深刻地揭示于读者面前,他的确是远远地"高于平凡和肤浅的人群"的伟大文学家。

（作者：张启东；选文有删节）

趣味语文

汪曾祺笔下的昆明

不同的地域有不同的文化,身居其中的作家,其文学风格必然渗

汪曾祺

入地域文化的因素。那些有着丰厚底蕴的地域文化,生长出了无数鲜活、生动的文学艺术作品。沈从文笔下的湘西、萧红笔下的东北呼兰河畔、老舍笔下的北京、贾平凹笔下的商州、汪曾祺笔下的昆明等,他们都和自己的那片土地相互得到了永存。其中,汪曾祺的文章透着显著的人文底色,有着浓郁的生活气息,具有鲜明的地域文化内涵。汪曾祺作为一个独具特色的作家,其作品究竟与昆明的地域文化有什么样的关系,这就是本文研究与讨论的重点。

一、昆明的地理环境与汪曾祺作品的清新自然之美

昆明气候温和,四季如春,因此被誉为"春城",名副其实吗?汪曾祺用《翠湖心影》回答:"'秋尽江南草未凋',昆明的树好像到了冬天也还是绿的。"就算是在雨季,昆明也不会让你失望。不信,你看:"我不记得昆明的雨季有多长,从几月到几月,好像是相当长的。但是并不使人厌烦。因为是下下停停、停停下下,不是连绵不断,下起来没完。而且并不使人气闷。我觉得昆明雨季气压不低,人很舒服。昆明的雨季是明亮的、丰满的,使人动情的。城春草木深,孟夏草木长。昆明的雨季,是浓绿的。草木的枝叶里的水分都到了饱和状态,显示出过分的、近于夸张的旺盛。"昆明的雨在汪曾祺笔下尽情展现其丰腴、细腻和清新宜人。这样一个春天永驻的城市,也难怪汪曾祺会称赞道:"昆明是个颇合乎理想的地方。"因为自然条件优越,所以昆明的花卉种类繁多,是我国著名的"花都"。汪曾祺在许多文章中写到了昆明的花,有顺便提到的,也有系统介绍的。比如《昆明的雨》中提到:"雨季

的花是缅桂花。"最绝的是《昆明的花》,将昆明的花介绍了个遍:樱花、康乃馨、剑兰、报春花等等,简直掉进了花的海洋!赏心悦目时也增长了不少知识,只恐怕是一般作家难以做到的。

作家所摄取的生活信息,总是与他所在的那一特定的时空中的具体认识相关联的。茅盾在《文学与人生》中谈道:"不是在某种环境之下的,必不能写出那种环境;在那种环境之下的,必不能跳出了那种环境,去描写别种来。"汪曾祺的作品所流露出的清新自然之美,与昆明这座城市的地理环境、人民的生活态度等有着密切的关系。首先,昆明轻灵秀丽之气滋养塑造了汪曾祺清新自然的文学风格。昆明具有得天独厚的气候条件,就拿昆明的雨来说,既不威猛,也不狂野,是苗家姑娘的斗笠上抖落的水珠,是漫散的,自然的。这培养了汪曾祺淳朴、自然的性情,以至于他写出的文字也是朴实无华的,表现出一种简约自然之美。其次,昆明的地理环境、饮食文化、民族风俗等都为汪曾祺的写作提供了必要的素材。美丽的翠湖,亭台水榭,展现了昆明自然环境的纯美;更有逛庙会、看花灯等形式多样的民间节日活动,汪曾祺从中体会到了浓郁的生活情趣和欢乐的气息:"干巴菌"是如何拿来吃的,"烧饵块"又是怎么回事,这些博大精深的饮食文化,都被汪曾祺看在眼里,一一写在笔下。具有悠久建城历史的昆明,在文化上形成了兼收并蓄的特色,昆明多样性的文化积淀,赋予了汪曾祺作品深厚的文化内涵。在汪曾祺的文化视野中,昆明的景色、昆明的饮食、昆明的风俗等都给了他创作的灵感,无一不成为他创作的审美对象。第三,昆明市民的生活态度培养了汪曾祺达观、乐生的性情。尽管现代的都市人压力较大,但昆明的人还是过得很舒服。四季如春的气候,暖暖的阳光,一杯茶,一本书,昆明人很懂得享受生活的美。昆明人的生存之道给了汪曾祺从容而自然的名士风度,在"右派"劳动改造的日子里,汪曾祺奉命画出了一套《中国马铃薯图谱》。当时,汪曾祺不仅要画一个整薯,还要切开薯画一个剖面,画完了,薯块就再无用处,于是他随手埋进牛粪火里,烤烤,吃掉。身处逆境不以为苦,反以苦为乐,达观潇洒,宠辱不惊,这就是汪曾祺。汪曾祺爱生活,会生活,善于从生活中找乐,这些品格多多少少和昆明这块神奇的土地有关。

二、昆明西南联大与汪曾祺作品的文采之美

说到汪曾祺不能不提到昆明,而说到昆明就不能不提到西南联大。他说:

在昆明,"我生活得最久,接受影响最深,使我成为这样一个人,这样一个作家——不是另一种作家的地方,是西南联大,新校舍"。在汪曾祺关于联大时期昆明生活的文本中,有将近三分之一的内容涉及联大生活,写得较为集中的是《新校舍》。文章以新校舍的道路及房屋布局为经:西南联大"进门是一条贯通南北的大路……大路把新校舍分为东西两区……大路以西,是学生校舍……大路以东,有一条较小的路……往北,是图书馆"汪曾祺花费笔墨最多的地方是当时在这个空间里生活的人和发生的事,无论是老师还是同学,汪曾祺都写的是他们有趣的一面,文字间弥漫着一种熟悉和亲切的感觉。虽然这所大学早已不存在了,但它那光荣的革命传统,优良的学风,仍然深深地留在汪曾祺心中。正像西南联大与昆明不可分割一样,20世纪40年代的跑警报也成为汪曾祺心底最深刻的记忆。"我刚到昆明的头二年,1939、1940年,三天两头有警报。有时每天都有,甚至一天有两次。……一有警报,别无他法,大家就都往郊外跑,叫作'跑警报'。'跑'和'警报'联在一起,构成一个语词,细想一下,是有些奇特的,因为所跑的并不是警报。这不像'跑马''跑生意'那样通顺。但是大家就这么叫了,谁都懂,而且觉得很合适。也有叫'逃警报'或'躲警报'的,都不如'跑警报'准确。'躲',太消极;'逃'又太狼狈。唯有这个'跑'字于紧张中透出从容,最有风度,也最能表达丰富生动的内容。"他把"跑警报"说成一件很有趣的活动,显然是一种看破世事沧桑后的豁然旷达,也是一种似不经意的酸涩幽默。

汪曾祺创作中所表现出的这种从容豁达的价值取向和闲适幽默的文学风格,和昆明西南联大开明的学术气氛,以及恩师沈从文的悉心点拨不无关系。西南联大开明的学术气氛,宽松的教学环境,对汪曾祺后来创作和为人的影响很深,自然也在其风格上留下了印痕。作为沈从文的大弟子,汪曾祺的作品明显地烙着沈从文的印记,充溢着边地淳朴自然之气,闲适冲淡中包孕着一种文化,恬淡中自有一份厚重。他在继承了沈从文的"冲淡而情深"的文学内涵的同时,把小说的体裁又向前发展了一步,他不注重故事情节的"准小说化"——完整性,而是"诗化""散文化""风景化""雅化"。读其小说,会感觉是在读一首优美的散文诗。汪曾祺的小说不写榜样模范人物,不歌功颂德,而写凡人小事,写柴米油盐酱醋茶,他以含蓄、淡远的风格,构建作品的浓厚文化意蕴和永恒美学价值。

总的来说,汪曾祺的作品是以诗歌的形式写散文,以散文的形式写小说,构成了现当代文学天空中一道亮丽奇异的风景线,有着非常重要的审美价值。我认为汪曾祺写作风格的形成,可以说同昆明这块神奇、美丽、富饶的土地的哺育不无关系。汪曾祺的文学创作正是以昆明这块地域为客体的,对昆明地域文化特征的深入表现是汪曾祺小说的真正源泉。昆明有形的自然环境、民间习俗,与昆明无形的伦理道德、历史传统、人文精神等地域文化都成为汪曾祺小说的魅力所在。

(作者:斯琴)

常见错别字辨析

1. 发楞/发愣

【病例】"车子马上就要开了,你还在那儿发什么楞啊!到底走不走?"张大妈冲着女儿说。

【诊断】音近形似致误。

【辨析】"发楞"应为"发愣"。这一差错从现在情况来看,和两字音近形似有关,但更直接的原因,是不了解异体字的变化。"愣"曾是"楞"的异体字,"发愣"曾写作"发楞",但1988年通用字表发布时,"愣"字已恢复使用。"愣",音 lèng,去声,义为走神、发呆。所谓"发愣",就是精神上处于恍惚状态,引申指鲁莽、冒失,如愣头愣脑。"楞",音 léng,以四方木会意,本指木头的边,现多写作"棱"。"楞"还用于佛经翻译,如《楞严经》。

2. 暗然泪下/黯然泪下

【病例】大年初五一早,我拉着母亲的手和她老人家告别,母亲用她那无助的眼神紧紧盯着我,我不由得暗然泪下。

【诊断】音同义混致误。

【辨析】"暗然泪下"应为"黯然泪下"。"黯"和"暗"读音均为 àn,都可形容光线微弱昏暗。主要有两点区别:一是在现代汉语中,"黯"字一般不单独使用,如"月明星黯",现代汉语宜写作"月明星暗";二是由自然光线的暗淡,"黯"可引申指心情的沮丧低落,如"黯然泪下、黯然神伤","暗"则可引申指手段的不公开、不光明,如"明察暗访、明争暗斗"。

3. 挖墙角/挖墙脚

【病例】我还记得那幅漫画,几个挖墙角者兴奋地抱着砖头,殊不知一堵高墙正向他们压下来。

【诊断】音同致误。

【辨析】"挖墙角"应为"挖墙

脚"。墙角，指两堵墙相接而形成的角落；墙脚，则是指墙根，是支撑整幢建筑的基础部分。"挖墙脚"是一种比喻性的说法，形容一种极其危险的破坏行为。"挖墙角"虽然会对建筑物产生影响，但一般来说不是致命的；只有"挖墙脚"才会产生整体颠覆作用。因此，这里"挖墙角"改为"挖墙脚"，才符合表达的意图。

4. 木碳/木炭

【病例】冬天的夜晚，奶奶喜欢端个小板凳，坐到火盆前做针线活。我就挨在她身边，两脚踩着盆边，看木碳的火苗小蛇似的飞舞着。

【诊断】音同义混致误。

【辨析】"木碳"应为"木炭"。"炭"和"碳"读音均为 tàn。山字头的"炭"，是木材燃烧而成的一种黑色燃料，即"木炭"。石字旁的"碳"，是近代科学新造的科技用字，指一种化学元素，符号是 C。"碳"的化合物很多，如碳酸盐、一氧化碳、二氧化碳等。"碳"的化学性质稳定，在空气中不起变化，是构成有机物的重要成分。但碳不能直接用作燃料。市面上常见的"碳烧咖啡""碳烤羊肉"之类，其中"碳"字都是"炭"的误写。

5. 黄梁美梦/黄粱美梦

【病例】毛泽东同志英明决策，"百万雄师过大江"，粉碎了国民党企图以长江为界的黄梁美梦。

【诊断】音同形似致误。

【辨析】"黄梁美梦"应为"黄粱美梦"。"梁"和"粱"读音均为 liáng，而且都是形声字。"梁"从木，指桥梁或屋梁；"粱"从米，指谷类中的小米。"黄粱美梦"出自唐人小说《枕中记》。有个读书人卢生，在邯郸的一家旅店里遇到道士吕翁。卢生感叹家世贫穷，道士就借给他一个枕头，说是枕上就会称心如意。此时店家正在煮小米饭。卢生枕着道士给的枕头睡觉，在梦中享尽荣华富贵，待他一觉醒来时，店家的小米饭还没煮熟呢。后世便用"黄粱美梦"比喻不可实现的空想。而"梁"可是不能用来做饭的。

6. 水性扬花/水性杨花

【病例】在男权社会里，女人总被视为水性扬花，遭到了有色眼镜的排斥。

【诊断】音同形似致误。

【辨析】"水性扬花"应为"水性杨花"。"杨"和"扬"读音均为 yáng。"杨"，木字旁，名词，指杨树；"扬"，提手旁，动词，义为举起、升起、风吹使飘、往上抛撒等。"水性杨花"意思是像水一样流动不定，像杨花一样随风飘动，喻女子作风轻浮、朝三暮四。既然是以杨花作比,自然应写成"水性杨花"。

7. 孰不知 / 殊不知

【病例】孰不知"价格战"是把双刃剑,几年鏖战下来,彩电企业突然发现谁也没有捞到什么好处。

【诊断】音近义混致误。

【辨析】"孰不知"应为"殊不知"。"孰",音 shú,疑问代词,义为"谁"或"什么",如"人非圣贤,孰能无过""是可忍,孰不可忍"。"孰不知"即"谁不知",意思是谁都知道。"殊",音 shū,可作副词,"殊不知"意思是竟然没想到、竟然没发觉。从例句来看,彩电企业是经过"几年鏖战"之后,因为"谁也没有捞到什么好处",才意识到价格战是把"双刃剑"的。这显然是"殊不知"而不是"孰不知"。

(作者:欢原;选自《咬文嚼字》2015 年第 5 期)

五　大地的行为艺术

建筑是人类用各种材料构成的一种供居住和使用的空间,广义上景观、园林也是建筑的一部分。建筑是人类重要的物质文化形式之一。可以说,人类用智慧和劳力修建的建筑是大地上的行为艺术。不必说埃及的金字塔、法国的巴黎圣母院,不必说奥林匹亚的宙斯神庙、巴比伦的空中花园,也不必说号称"东方奇迹"的吴哥窟、印度的泰姬陵,单说古老深厚的中华文明孕育积淀的中国古代建筑瑰宝,就是人类文明的璀璨明珠!

其实不仅是桥塔庙宇,建筑园林也是人类留在大地上的艺术结晶,同样具有丰富的文化内涵、民族底蕴。让我们一起领略中国古典建筑文化的魅力!

主题阅读

晋　祠

晋　祠

从山西省太原市西行40公里,有一座悬瓮山。在山下的参天古木中,林立着100多座殿堂楼阁和亭台桥榭。悠久的历史文物同优美的自然风景浑然融为一体,这就是著名的晋祠。

晋祠的美,在山,在树,在水。

这里的山,巍巍的,有如一道屏障;长长的,又如伸开的两臂,将晋祠拥在怀中。春日黄花满山,径幽香远;秋来草木萧疏,天高水清。无论什么时候拾级登山都会心旷神怡。

这里的树,以古老苍劲见长。有两棵老树:一棵是周柏,另一棵是唐槐。那周柏,树干劲直,树皮皴裂,顶上挑着几根青青的疏枝,偃卧在石阶旁。那唐槐,老干粗大,虬枝盘曲,一簇簇柔条,绿叶如盖。还有水边殿外的松柏槐柳,无不显出苍劲的风骨。以造型奇特见长的，有的偃如老妪负水，有的挺如壮士托天，不一而足。圣母殿前的左扭柏，拔地而起，直冲云霄，它的树皮上的纹理一齐向左边拧去，一圈一圈的，纹丝不乱，像地下旋起了一股烟，又似天上垂下了一根绳。晋祠在古木的荫护下，显得分外幽静、典雅。

这里的水，多、清、静、柔。在园里信步，但见这里一泓深潭，那里一条小渠。桥下有河，亭中有井，路边有溪。石间细流脉脉，如线如缕；林中碧波闪闪，如锦如缎。这些水都来自"难老泉"。泉上有亭，亭上悬挂着清代著名学者傅山写的"难老泉"三个字。这么多的水长流不息，日日夜夜发出叮叮咚咚的响声。水的清澈真令人叫绝，无论多深的水，只要光线好，游鱼碎石，历历可见。水的流势都不大，清清的微波，将长长的草蔓拉成一缕缕的丝，铺在河底，挂在岸边，合着那些金鱼、青苔以及石栏的倒影，织成一条条大飘带，穿亭绕榭，冉冉不绝。当年李白来到这里，曾赞叹说："晋祠流水如碧玉"。当你沿着流水去观赏那些亭台楼阁时，也许会这样问：这几百间建筑怕是在水上飘着的吧！

然而，最美的还是祖先留给我们的古代文化。这里保存着我国古建筑中的"三绝"。

一是圣母殿。它建于宋天圣年间，重修于北宋崇宁年间，这是全祠的主殿。殿外有一周围廊，是我国古建筑中现存最早的带围廊的宫殿。殿宽七间，深六间，极为宽敞，却无一根柱子。原来屋架全靠墙外回廊上的木柱支撑。廊柱略向内倾，四角高挑，形成飞檐。屋顶黄绿琉璃瓦相间，远看飞阁流丹，气势十分雄伟。殿堂里的宋代泥塑圣母像及31尊侍女像、4尊女官像，是我国现存宋代泥塑中的珍品。侍女或梳妆，或洒扫，或奏乐，或歌舞，形态各异，形体丰满俊俏，面貌清秀圆润，眼神生动，衣纹流畅，真是巧夺天工。

二是殿前柱上的木雕盘龙。这是我国现存最早的盘龙雕柱，雕于北宋元祐二年（1087）。八条龙各抱一根大柱，怒目利爪，周身风从云生，一派生气。距今虽已近千年，鳞甲须髯，仍然像要飞动，不能不叫人叹服木质的优良与工艺的精巧。

晋祠圣母殿木雕盘龙柱

三是殿前的鱼沼飞梁。这是一个方形的荷花鱼沼。沼上架起了一个十字形的飞梁，下面由34根八角形的石柱支撑。桥边的栏杆和望柱形状奇特，人行桥上，可以随意左右。这种突破一字形的十字飞梁，在我国古建筑中也是罕见的。

以圣母殿为主体的建筑群还包括献殿、牌坊、钟鼓楼、金人台、水镜台等，都造型古朴优美，做工精巧。全祠除这组建筑外，还有朝阳洞、三台阁、关帝庙、文昌宫、水母楼、胜瀛楼、景清门等，都依山傍水，因势起屋，或架于碧波之上，或藏于浓荫之中，各有不同的情趣。

园中的许多小品，也极具匠心。比如有一座假山，山上一挂细泉垂下，就在下面立着一个汉白玉的石雕小和尚，光光的脑门，笑眯眯的眼神，双手齐肩，托着一个石碗接水。那水注入碗中，又溅到脚下的潭里，总不能盛满碗。再如清清的小溪旁，有一只石雕大虎，两只前爪抓着水边的石块，引颈探腰，嘴唇刚好没入水面，那气势好像要吸尽百川似的。历代文人墨客都喜爱晋祠这个好地方，山径旁的石壁和殿廊的石碑上，留着不少名人的题咏，词工句丽，书法精湛，为湖光山色平添了许多风韵。

晋祠，真不愧为我国锦绣河山中一颗璀璨的明珠。

（作者：梁衡）

 赏析

梁衡的散文有着丰厚的审美内涵，无论是从文章的内容、写作动机和创作观点，还是从读者的感受来看，阅读梁衡的散文都是化育人心的一种有效手段。他的山水散文，深得中华古典散文的诗性思维传承，行文草本有灵，水石有韵。在梁衡的笔下，山水是心理化的山水，人物是社会化的人物。

《晋祠》一文层次清楚，脉络分明，卒章显志，立意高远。综合运用了记叙、说明和描写相结合的方法，把晋祠悠久的历史文物和优美的自然风景写得具体形象。语言形象、生动、流畅、典雅，灵活运用长短错落、骈散相间的句式，使得文章内容生动具体，形神兼备。一系列叠词的妙用，使文章具有了铿锵和谐的音韵美、具体可感的形象美、多姿多彩的神态美。引用典故看似信手拈来，其实恰到好处，给人以明晰、深刻的印象。

画里阴晴

今春又路过故乡江苏宜兴县，热情的主人在匆忙中陪我去看灵谷洞。天微雨，主人感到有些遗憾。车窗外，雨洗过的茶场一片墨绿，像浓酣的水彩画。

细看，密密点点的嫩绿新芽在闪亮；古树老干黑得像铁；柳丝分外妖柔，随雨飘摇；桃花，我立即记起潘天寿老师的题画诗"默看细雨湿桃花"，这个"湿"字透露了画家敏锐的审美触觉。

清江春晓图　　[元] 吴　镇

湿，渲染了山林、村落，改变了大自然的色调。山区的红土和绿竹，本来并不很协调，雨后，红土成了棕红色，草绿色的竹林也偏暗绿了，它们都渗进了深暗色的成分，统一于含灰的中间调里，或者说它们都蕴含着墨色了。衣服湿了，颜色变深，湿衣服穿在身上不舒服，但湿了的大自然的景色却格外有韵味。中国画家爱画风雨归舟，爱画"斜风细雨不须归"的诗境。因为雨，有些景物朦胧了，有些形象突出了，似乎那位宇宙大画家在挥写不同的画面，表达着不同的意境。

我自学过水彩画和水墨画后，便特别喜欢画阴天和微雨天的景色，但我不喜欢英国古老风格的水彩画。我已往的水彩画可说是水墨画的变种，从意境和情趣方面看，模仿西洋的手法少，受益于中国画的成分多。西洋画中也有表现风雨的题材，但西洋画是将风雨作为一种事故或大自然的变化来描写的，很少将阴雨作为一种欣赏者自身的审美趣味来表现。西方风景画之独立始于印象派，印象派发源于阳光。画家们投靠阳光，说光就是画面的主人，因之一味分析色彩与阳光的物理关系，甚至说"黑"与"白"都不是色彩，而中西画家大都陶醉于阳光所刺激的强烈的色彩感，追求亮、艳、丽、华、鲜……多半是从"晴"派生出来的。

曾有画油画的人说，江南不宜画油画。大概就是因为江南阴雨多，或者他那油画技法只宜对付洋式的对象。数十年来，我感到在生活中每次表现不同对象时，永远需寻找相适应的技法，现成的西方的和我国传统的技法都不很合用。浓而滞的油画里有时要吸收水分，娇艳的色彩往往须渗进墨韵……人们喜欢晴天，有时也喜欢阴天，如果阴与晴中体现了两种审美趣味，则鱼和熊掌是可以兼得的。

又画油画又画水墨，我的这两个画种都不纯了，只是用了两种不同的工具而已。头发都灰白了，还拿不定主意该定居到油画布上，还是从此落户在水墨之乡！

（作者：吴冠中）

赏析

吴冠中先生为了绘画，走遍天涯，搜尽奇峰。因自幼喜爱文学，作画之余，一篇篇情真意切的散文，亦自笔底流泻而出。《画里阴晴》是对自己艺术创作过程的记述。吴冠中写道："我很少背着画箱出去碰见什么景就画，我总是先观察，跑遍山前山后，村南村北……然后在脑子里综合，组织形象，挖掘意境。我称之为怀孕，最困难的正是怀孕。"就本文而言，从阴晴两种审美趣味去谈绘画，有思辨的哲理美；在清新淡雅的文字里，处处显现画家美学眼光的同时，简笔勾勒出充满意境美的如诗如画的世界，触动了读者追寻美的心弦。全文采用起、承、转、合的传统方法来安排文章，层层铺垫，娓娓道来，篇末明志。切入点小，多用修辞，幽默诙谐。而且在比较论述中西两种画派风格中，巧妙糅合对阴晴两种意境的剖析，让人感觉在小小的切入点上纵深出大气磅礴的内容，富有智慧。

含英咀华

从社会学角度解读《苏州园林》

语文教育家叶圣陶的《苏州园林》是人教版语文教材中的一篇课文，对于这种具有丰富文化内涵的说明文，更应从社会学的角度来深入挖掘文本，穿越时空隧道，走近先人，走进作家的心灵世界。

一、走进社会历史背景，了解苏州这片土地

明清时期，随着社会城市化进程的加速，文明程度的提高，人的个性自由越来越多地受到压制，许多有识之士不堪忍受，就产生了逃避社会、遁迹山林的想法。曹雪芹在《红楼梦》正文开头说："这东南一隅有处曰姑苏，城中阊门，最是红尘中一二等富贵风流之地。"享有人间天堂美誉的苏州自元代后期直至明清时代，经济就高度繁荣，丰富的物质与迷人的风景使富商巨贾、达官显贵、文人墨客云集于此，在这片繁华之地营造了一片属于自己的世外桃源——苏州园林。这座出尘的园林置身于滚滚红尘之中，却远离俗世的喧嚣，远离俗世的浮华，伤痛在这里能得到疗治，心灵在这里能得到静养，精神在这里能得到升华。

在苏州现存的私家园林中，不少园林的主人，都是有地位、有文化、有抱负、有才华的人。由于其抱负在当时得不到施展，便产生了寄情于山水、遁隐山林的想法。如苏州四大名园的"拙政园"，明嘉靖十八年（1539），园主王献臣，因仕途不得志，隐退苏州，借西晋潘岳《闲居赋》中所说"庶浮云之志，筑室种树，逍遥自得。池沼足以渔钓，春税是以代耕。灌园鬻蔬，以供朝夕之膳；牧羊酤酪，俟伏腊之费，孝乎唯孝，友于兄弟，此亦拙者之为政也"，以寄托自己当时的翳然林水，濠濮间想。拙政园景点有远香堂、荷风四面亭、与谁同坐轩等，便是当时造园者超脱红尘之上，寄情于山水的具体体现。

拙政园

二、走进红尘闹市，体会园林的自然之趣

《苏州园林》为了体现"宛自天开"的审美意境，布景时往往重神似，不重形似。比如布置亭台轩榭，不讲究对称，不对称的布景能产生一种变化之美、灵动之美，这与千变万化的自然界是相契合的。布置假山时"或者是重峦叠嶂，或者是几座小山配合着竹子花木，全在乎设计者和匠师们生平多阅历，胸中有丘壑"，他们心中早已没有构景的草图，只有对山水的一种感觉，一份钟爱。这是一种极高的艺术境界，对假山的处理完全到了一种出神入化的地步，三两下就能把山水的神韵模拟出来了。池沼的布置又大多引用活水，会流动，有生趣，自然界的水也正是如此，或溪水潺潺，或湖水荡漾，或浪涛汹涌。水面安排桥梁又绝不雷同，河道很少砌整齐的石岸，总是高低屈曲任其自然，都讲究变化之趣，这与自然界中万物形貌各异、姿态万千是相契合的。虽然苏州园林在布置假山池沼时很多材质就取自自然，但与自然界的景是有区别的，它是自然之景的高度浓缩，咫尺之间造乾坤，取法乎自然却超出自然。

苏州园林为了营造充满自然之趣的审美意境，往往追求深邃含蓄之美。在布置花墙和廊子时它常常是"隔而未隔、界而未界"，这样能形成一种深邃悠远含蓄朦胧的美感。其实自然界的景物也往往隐藏着许多含蓄朦胧深邃悠远的美，诗歌中常常会写到这样的景："远上寒山石径斜，白云生处有人家"；

"明月别枝惊鹊,清风半夜鸣蝉""日暮乡关何处是,烟波江上使人愁"。刘勰说"深文隐蔚,余味曲包",正是中国人讲究隐而不露、藏而不显的审美趣味的反映。"隔而未隔、界而未界"从总体上也体现了中国人的审美趣味。

三、走进恬淡心灵,感受先人的生存哲学

中国的高人自古以来就有避世遁隐的传统,道家自然无须说的了,即便是儒家也认为"天下有道则见,无道则隐。危邦不入,乱邦不居"。庄子称隐士为"山谷之士",《汉书》称之为"山林之士",可见山林并非纯粹指自然,它还象征着一种淡泊的人生态度,象征着一种特立独行的精神自由。

叶圣陶先生认为设计者与匠师们建造这样一座如诗如画的山水园林为了使游者"忘却苏州城市,只觉得身在山间",给人一种"安静闲适的感觉"。而拙政园的主人王献臣聘著名画家、吴门画派的代表人物文徵明参与设计蓝图,历时16年建成。王献臣要好友文徵明建造这样一座宛若仙境的山水园林其实是为了做隐于市的大隐,能让自己逍遥于城市之外,置身于山水之间,与天地精神独往来!

叶圣陶老先生生于斯,长于斯,他写这篇文章不仅仅是出于对故土的深情赞美和眷恋,我想更多是他曾享受过这种闹市中难得的安宁和闲适,这是个时时能够抚慰和滋养他心灵的地方。

(作者:刘文华)

读写津梁

书 友

看一个人读些什么书就可以知道他的为人,就像看一个人同什么人交往就可以知道他的为人一样。因为世界上有与人为友的,也有与书为友的。无论是书友或朋友,我们都应该择其最佳者而从之。

一本好书就好像一个最好的朋友。它始终不渝,过去如此,现在仍然如此,将来也永远不变。它是最有耐心、最令人愉快的伴侣。在我们穷愁潦倒、临危遭难的时候,它也不会抛弃我们,对我们总是一往情深。在我们年轻时,好书陶冶我们的性情,增长我们的知识;到我们年老时,它又会给我们以安慰和勉励。

人们常常因为同爱一本书而结为知己，就像有时两个人会因为敬慕同一个人而交为朋友一样。古谚说："爱屋及乌。"但是，"爱我及书"这句话却有更深的哲理。书是更为坚实而高尚的情谊纽带。人们可以通过共同爱好的作家沟通思想感情，彼此息息相通。他的思想共同在作者的著述里得到体现，而作者的思想反过来又化为他们的思想。哈兹里特曾经说过："书潜移默化人们的内心，诗歌熏陶人们的气质品性。少小所习，老大不忘，恍如身历其事。书籍价廉物美，不啻我们呼吸的空气。"

好书常如最精美的宝器，珍藏着人的一生思想的精华。人生的境界，主要就在于他思想的境界。所以，最好的书是金玉良言的宝库，若将其中的崇高思想铭记于心，就成为我们忠实的伴侣和永恒的慰藉。菲利普·悉尼爵士说得好："有高尚思想做伴的人永不孤独。"当我们面临诱惑的时候，优美纯真的思想会像仁慈的天使一样，纯洁并保卫我们的灵魂。优美纯真的思想也孕育着行动的胚芽，因为金玉良言几乎总会启发善行。

书籍引导我们与最优秀的人物为伍，使我们置身历代伟人巨匠之间，如闻其声，如观其行，如见其人。同他们情感交融，悲喜与共。他们的感受成为我们自己的感受，我们觉得有点像是在作者所描绘的人生舞台上跟他们一起粉墨登场了。

即使在人世间，伟大杰出的人物，也是永生不灭的，他们的精神载入书册，传之四海。书是人们至今仍能在聆听的智慧之声，永远充满着活力。所以，我们永远都是在受着历代伟人的影响，多少世纪以前的盖世英才，如今仍同当年一样，显示着强大的生命力。

（作者：[英] 塞缪尔·斯迈尔斯；选自《外国名家散文经典》）

文史广角

中国建筑之美

中国建筑的魅力跨越时空，从古至今，从乡村到城市，许多建筑都带有浓郁的民族特色和地方特色。

中国从殷商时期（公元前17世纪至公元前11世纪）开始，历代帝王建造了许多宫殿，著名的有秦代阿房宫，西汉长乐宫、未央宫，唐代大明宫等。在宫殿建筑中，现存最完整的是北京明清时代的皇宫——故宫。中国宫殿建筑的美，则是通过多个单体建筑之间的烘托对应、庭院之间的流通变化，显露出建筑的总体气势和空间变化。欣赏中国建筑必须进入院落中，在一层层的空间交错、门廊变化中，体会一种含蓄中储气势、曲径中藏深度的美。这有些像观赏一幅山水长卷，一边展开，一边欣赏。

故　宫

而中国的宗教建筑主要有两大类：佛教建筑与道教建筑。佛教自1世纪传入中国后，逐渐与中国本土儒道之学融合。中国的佛教寺院以供奉佛像的大殿作为主体，围绕其周围，大小建筑、院子组合成院落式的建筑群。唐代诗人杜牧有这样的诗句："南朝四百八十寺，多少楼台烟雨中。"佛教建筑在空间布局上具有一种祥和、清静的意境。寺院布局为层层递进的深院，既有对称庄重的结构层次，又不苛求固定模式而与周围自然环境协调统一，与佛教讲求心静、无为、修炼的宗教精神和谐一致。佛塔是佛教标志性建筑，中国佛塔造型具有楼阁式特点，有木塔、砖石塔和砖石结构而外部用木料制作屋檐、栏杆的塔等多种形式。中国佛教建筑特点是与山水相伴，追求古松深院、飞檐塔影的幽深宁静，在平面的布局秩序或依山而建的灵活设计中展开主辅相成、幽深和谐的格局，殿、塔、楼与园林组合的形式体现了建筑与自然协调一致的审美品格。

园林虽然同建筑一样，是与人们日常生活密切相关的实用艺术门类，但园林的建造是为了满足人们向往自然、享受自然美的需要，其审美欣赏功能相比建筑更加突出。中国古典园林以其独特的造园思想和技术闻名世界。著名的五岳泰山、衡山、嵩山、华山、恒山和佛教四大名山普陀山、峨眉山、五台山、九华山，都是经过历代修造经营的大型自然园林。私家园林是中国古代园林艺术中的精华。布局特点上，讲究因地制宜，灵活多变，以小见大，善于模仿自然山水的形象，讲究园林的西部处理，达到了"虽由人作，宛自天开"的造景境界。中国园林作品常取富有诗情画意或历史典故含义的名称，园林景观、建筑与其中装饰的匾额、诗词书法作品相映生辉，共同营造出具有文化品位的审美意境。

中国建筑之美绵亘千年，光耀世代。

水乡的桥

提起"江南水乡",不由使人想到"户藏烟浦,家具画船"的水乡景色,每当杏花春雨,秋水落霞,更令人依恋难忘。这明秀柔美的江南风光,是与形式丰富多变的水上桥梁分不开的。它点缀了移步换影的景色,刻画了水乡的特征,同时又解决了交通问题。我们的祖先正是通过这些婀娜多姿的桥梁从功能与艺术两方面来处理了复杂的水乡交通,美化了村镇城市的面貌。

在水道纵横、平畴无际的苏南、浙北地带,桥每每五步一登、十步一跨,触目皆是。在绿满江南的乡村中,一桥如带,水光山色,片帆轻橹,相映成趣。在城镇中,桥又是织成水乡城镇的重要组成部分之一。每当舟临其境,必有市桥相迎,人经桥下,常于有意无意之中,望见古塔钟楼,与夹岸水阁人家。数篙之后,又忽开朗,渐入柳暗花明的境界。

青浦普济桥

桥的形式以拱桥变化最多,有弧拱、圆拱、半圆拱、尖拱、五边形拱、多边形拱等。青浦普济桥为南宋咸淳元年(1265)建造,迄今已快七百年了,古朴低平,共拱券结构,不失为我国桥梁发展中的重要物证。绍兴广宁桥为多边形拱桥,重建于明万历二年(1574),雄伟坚挺,桥心正对大善寺塔,为极好的水上"对景"。在建筑材料方面,不论梁式桥与拱桥,皆以石料为主,不过亦有少数砖木混合结构与木结构的。砖木混合结构桥,去冬在青浦发现一座元代桥梁,名为迎祥桥,可称是比较有代表性的,它巧妙地运用了石柱木梁及砖桥面,秀劲简洁,宛如近代桥梁。除了桥的本身外,尚有用附属建筑来丰富美化它,苏州横塘古渡的亭桥便是平添一景。宝带桥桥边,还置小塔、石狮,桥堍又建石亭,使修直的桥身起了轻匀的节奏。

水乡的桥是那么丰富多彩,经过了漫长岁月的考验,到现在还发挥其作用,不论在艺术的造型上,风景的点缀上,都具有鲜明的民族风格,这是我国古代劳动人民的智慧与力量的结晶。如今,我国桥梁工作者正从这些宝贵的遗产中,推陈出新,创造着不少既有民族传统,又适合今日功能的新型桥梁。

(作者:陈以周;选文有删节)

> 趣味语文

润扬大桥得名谈

润扬大桥

"润扬大桥"是润扬长江公路大桥的简称,在2005年建成通车。它连接扬州和镇江,初命名有争议。后来,一个新的命名即"润扬大桥"的出现,才解决了这个棘手的问题。

关键在"润扬"两字。镇江古称润州。唐代李吉甫《元和郡县图志》卷二十五江南道一"润州"条记载:"(隋)十五年罢镇,置润州,城东有润浦口,因以为名。"虽然镇江还是在扬州的前面,但"润扬"可以理解成"使扬州滋润"的意思,蕴含了镇江愿意支持兄弟城市发展的意味,可体现两座城市间和谐共存发展的双赢理念。

"润扬"的命名还体现了中国古代的五行观念。古代有五行相生理念,认为"水生木、木生火、火生土、土生金、金生水"。"润"代表水。而"扬州"在许多古文献中也写作"杨州"。清代孙诒让《周礼正义》卷六十三《职方氏》转引《春秋元命苞》记载:"地多赤杨,故取名焉。"说的是扬州因这一带的赤杨林而得名。所以宋本《尔雅》一书就将"扬州"写成"杨州"。可见"扬州"代表"木"。"润扬"体现"水生木"的五行观念。

"润扬大桥"的名称,因此成就了一段城市间共荣发展的历史佳话。

(作者:宣炳善;选自《咬文嚼字》2014年第6期)

春游季节谈园林欣赏

现在正是春游佳节,在首都的颐和园、北海,苏州的拙政园、留园,上海的豫园,扬州的个园等等,不知吸引了多少的游客。我国园林应该是建筑、花木、水石、绘画、文学等的综合艺术,在世界园林建筑中独树一帜。从古代到现在,劳动人民在这方面创造了无数的佳作。我们在游园之时,如何欣赏这些园林艺术,理解它的佳妙之处,我想是大家所乐闻的啊!

一个园林不论大小,它必有一个总体。当我们游颐和园时,印象最深的是昆明湖与万寿山，游北海，则是海与琼花岛。苏州拙政园曲折弥漫的水面，扬州个园峻拔的黄石大假山，也给人印象甚深。这些都是园林在总体上的特征，形成了各园特有的景色。在建造时，多数是利用天然的地形，加以人工的整理与组合而成的。

在我国古典园林的总体中，有以山为主的，有以水为主的，也有以山为主水为辅，或以水为主山为辅的。而水亦有散聚之分，山有峻岭平冈之别，总之景因园异，各具风格。在观赏时，又有动观与静观之分。因此，评价某一园林艺术水平的高低，要看它是否发挥了这一园景的特色，不落常套。

古代园林因受封建社会历史条件的限制，可说绝大部分是封闭的，即园四周皆有墙垣，景物藏之于内。可是园外有些景物还是要组合到园内来，此即所谓"借景"。颐和园的主要组成部分是昆明湖与万寿山，但是当我们在游的时候，近处的玉泉山和较远的西山仿佛也都被纳入园中，使园有限的空间不知扩大了多少倍，予人以不尽之意。

中国园林往往在大园中包小园，如颐和园的谐趣园、北海的静心斋、苏州拙政园的枇杷园、留园的揖峰轩等，它们不但给了园林以开朗与收敛的不同境界，同时又巧妙地把大小不同、曲直各异的建筑物与山石树木，安排得十分恰当。至于大湖中包小湖的办法，要推西湖的三潭印月了。

中国园林在景物上主要模仿自然，即用人工的力量来建造出天生的景色，即所谓"虽由人作，宛自天开"。这些景物虽不强调一定仿自某山某水，但多少有些根据。颐和园的仿西湖便是一例，可是它又不同于西湖。还有利用山水画为粉本，参以诗词的情调，构成许多如诗如画的景色。这些景物已是提高到画意诗情的境界了。在曲折多变的景物中，还运用了"对比""衬托"等手法。

中国园林除山石树木外，建筑物是主要构成部分。亭、台、楼、阁的巧妙安排，变化多端，十分重要。如花间隐榭，水边安亭，长廊云墙，曲桥漏窗等，构成各种画面，使空间更加扩大，层次分明。因此游过中国园林的人常说，花园虽小，游来却够曲折有致。这就是说将这些东西组合成大小不同的空间，有开朗，有收敛，有幽深，有明畅，从入园到兴尽游罢，如看中国画的手卷一样，次第接于眼帘，观之不尽的了。

若干园林亭阁，不但有很好的命名，有时还加上了很好的对联。读过《老残游记》的，总还记得老残在济南游大明湖，看了"四面荷花三面柳，一城山色半城湖"的对联后，暗暗称道"真个不错"。这便是妙在其中。当然，有些亭阁的命名和对联的内容，其封建意识很浓，那又当别论了。

不同的季节，园林呈现不同的风光。古人说过："春山淡冶而如笑，夏山苍翠而如滴，秋山明净而如妆，冬山惨淡而如睡。"接下来便是"春山宜游，夏山宜看，秋山宜登，冬山宜居"了。在当时的设计中多少参用了这些画理，扬州的个园便是用了春夏秋冬四季不同的假山。在色泽上，春用略带青绿的石笋，夏用灰色的湖石，秋用褐黄的黄石，冬用白色的雪石。此外，黄石山奇峭凌云，俾便秋日登高。雪石罗堆厅前，冬日可作居观，便是体现这个道理。

晓色云开，春随人意，想来大家必可畅游一番吧！

（作者：陈从周；选自《苏州园林》）

三　界

明代徐达的宅邸中曾悬一副对联，联语为：

大江东去，浪淘尽千古英雄。问楼外青山，山外白云，何处是唐宫汉阙？

小苑西回，莺唤起一庭佳丽。看池边绿树，树边红雨，此间有舜日尧天。

清末樊增祥书一联语，曰：

金管纪德，银管纪功，斑竹管纪文，隆吾门望；

奇花在庭，奇书在手，奇山水在目，适我性情。

浙江天台山方广寺有一联，云：

风声水声虫声鸟声梵呗声，总合三百六十击钟鼓声，无声不寂；

月色山色草色树色云霞色，更兼四万八千丈峰峦色，有色皆空。

前者，一派帝王将相之纵横气。逝波滚滚，宇宙茫茫。唐宫汉阙，灰飞烟灭。千秋霸业，百战成功。如今，开万世太平，享荣华富贵。

中者，尽显文人学士气节与傲骨。德、言、功，立身之本；书卷、花木、山水，性情之根。清誉雅望，毕生所求。

后者，化外观尘世，冷眼看凡夫。朝代兴废，名利追逐，不过境由心生。色即是空，空即是色。世人不明于此，造无数冤孽。

（作者：陆昕；选自《文汇读书周报》2014年4月25日）

楹联漫话

楹联即对联，起源于五代桃符。后流传到民间，成为群众喜爱的一种艺术形式，已有一千多年历史了。这是一种形式整齐的文学语言，多用对偶的形式，使内容鲜明，句式整齐，音调和谐。

各地名胜古迹上的楹联，祠陵寺庙、署院厅斋、会馆店铺的楹联，都有不少奇巧谐趣的佳作。

北京陶然亭联：

慧眼光中，开半亩红莲碧沼；

烟花象外，坐一堂白月清风。

济南趵突泉观澜亭联：

三尺不消平地雪；

四时常吼半天雷。

曲阜孔庙大成殿联：

气备四时，与天地日月鬼神合其德；

教垂万世，继尧舜禹汤文武作之师。

成都杜甫草堂联：

背郭堂成，锦里溪山千古在；

缘江路熟，青郊草木四时新。

杭州灵隐寺联：

峰峦或再有飞来，坐山门老等；

泉水已渐生暖意，放笑脸相迎。

曲阜孔庙大成殿

楹联是非常凝练精悍的语言艺术，既是一种观兴述事、引联明志、传播思想、交流感情的工具，又是一种神形生动、对仗工整、耐人寻味的艺术品。在楹联中，还有一种独具风采、雅俗共赏、妙趣横生、脍炙人口的"巧联"、"趣对"。民间有这几类：

拆字类：

古文古人做；十人十子李。

巧意类：

藕入泥中，玉管通地埋；

荷出水面，朱笔点天文。

叠词类：

天下月圆，人间月半，月月月圆逢月半；

地上年尾，明朝年头，年年年尾接年头。

同韵类：

屋北鹿独宿；溪西鸡齐啼。

谐音类：

童子打桐籽，桐籽不落，童子不乐；

麻姑采蘑菇，蘑菇真鲜，麻姑真仙。

明意类：

路遥知马力；日久见人心。

人们创作巧联，不仅为娱乐，而是传播文化，寄志抒怀。古代还有谜语联、回文、迭字用在对联中叫回文迭字联。杭州西子湖畔孤山南麓的中山公园有联：

水水山山，处处明明秀秀；
晴晴雨雨，时时好好齐齐。

没有雕琢，自然明白，亦可倒转来读，成为回文。

楹联文化千古流传，趣味横生，颇受老百姓喜爱！

（选自《楹联漫话》）

杜甫草堂

六　坚毅的诗行

自然风云变幻，世事沧海桑田，生命之路往往曲折艰险而坎坷泥泞，而这也造就了人的精神品格。倘或以热切的眼光来观察世界，以宽容的态度来看待每一个人，就会发现在他们身上其实都充满了精神品格之美。人的精神品格有高低优劣之分，不同的人身份、地位有差异，但可能精神品格会有相似之处。

我们的先贤很早便开始了对人之内在精神品格的思考，在他们的身上，可以看到闪耀着人高贵精神品格的光辉，这种高贵精神品格之美在生活中的展现，也会从中经受心灵的洗礼，使自己的精神品格得到历练和升华。呵护、珍重人性中最纯净、最真挚的品质是我们的生命追求，与之同行，我们才会创造美的世界。

主题阅读

人性的善恶

人性的善恶从哲学上讲，人性就是作为人，生而具有的本性，也就是人与其他动物的最本质的区别。儒家思想的人性论是：人之初，性本善。但是性本善，并不是孟子的观点。

人向善　存内心

孟子有一位辩论的对手，叫告子。告子说人性像一条河流向下流，在东边开口，它就向东边流出去，在西边开口，就向西边流去，即人生下来没有善恶，都是向下流的，"人性之善也，犹水之就下也。人无有不善，水无有不下。"即是说，人性对于善，就像水对于下，向善是一种力量，而不是一种本质。孟子的性本善，并不是人性的本质是善的，而是人性天生就具有向善的力量。因为本质不可改变，而一个人的善恶是会变化的，向善的力量才是人和其他动物最根本的区别。

孟子说看到小孩子爬到水井边上，心里都觉得恐慌、怜悯，孟子由此得出四种心：没有怜悯之心的，不是人；没有羞耻之心的，不是人；没有谦让之心的，不是人；没有是非之心的，不是人。换句话说，孟子强调人的行善，不是由外而来的，而是由内而发，只要真诚，心就会发出行善的力量。

孟子认为，善是存在于人的内心。人的本性就是能够性善避恶，因为人性向善。人的生命特色就在于真诚带来的力量，这力量称作善。孟子所谓的善是指行为而言，善不能指动机，只有做出来才叫善。所以孟子说，顺着人心真实的情况就可以做到善。

寡于欲　守真诚

从哲学的意义上，孟子对恶提出以下几点说明：第一，不明人伦，即没有受到良好的教育；第二，没恒产，即没有固定的生活条件；第三，不仁而在高位，即居高位的人不仁德，并把他的罪恶散布给大众；第四，感官对人造成困扰，放弃用心思考。孟子说，每一个人身上都有非常可贵的部分，那就是心。孟子称心为天爵，即是上天给予的最尊贵的爵位。所以孟子会强调，"养心莫善于寡欲"，培养这颗心最好的办法就是减少欲望。人生该怎么走，最主要的是把握住这颗心。

在《孟子》书中，本心一词经常出现。孟子说如果价值观颠倒错乱，叫作失其本心。本心可以失去，这说明本心绝对不是人的本质。孟子曾举例说："齐人有一妻一妾而处室者。其良人出，则必餍酒肉而后反。"其人到处去吃别人祭拜祖先的地方，要一些肉吃，每天吃得饱饱的，喝得醉醺醺的，才回家。妻子跟在他身后，发现他到处跟别人要饭吃。孟子说，在社会上追求荣华富贵的，有几个不是像这齐人一样呢？这就叫失其本心，即迷失了心的本来状态。会迷失本心，是因为不真诚。只有真诚，才会得到内在的力量，快乐也会由内而发。

孟子居邹图　李维定

为成仁　敢牺牲

《孟子》书中首先出现的是良知良能四个字，每个人都有良知，良知如果是善的话，每个人就都是善的了。孟子说，他并没有说良知是善的，但是有良知才会行善。孟子说只有真诚，良知才会发挥作用，产生力量。所以，孟子对人性的解释，是人性向善。

孔子生活的时代不乏善人，但是孔子却提出仁者的概念。在孔子看来，仁者跟善人的差别主要在于两点：第一，善人是按照别人的要求做好事，获得别人的称赞，仁者是发自内心主动做好事。第二，善人绝对不会为善而牺牲生命。仁者可以杀身成仁，毫不在乎。因为他认为人性向善，所以他知道为什么要行善。

而儒家思想发展到孟子时，孟子就把仁者这个概念，放在仁义礼智之间，使儒家的人性论构成一个圆满的系统。

现代社会人们常说：高位不如高薪；高薪不如高寿；高寿不如高兴。看来，快乐生活，是现代人的最高追求。而孟子却又说快乐是和危险联系在一起的。

行善乐　存忧患

在孟子看来，首先快乐跟危险连在一起。孟子见梁惠王、齐宣王这两位大国的国君时，他们请孟子参观他们广阔而美丽的园林。孟子以夏桀为例提醒这些帝王，当老百姓受苦受难时，一个人的快乐不是长久的。孟子说过一句名言，叫作"生于忧患，死于安乐"。他说一个国家，如果在内没有遵守法律的大臣以及辅佐国君的贤臣，在外没有敌对的国家跟外患的威胁，那么将迟早走向灭亡。即在忧患中可以得到生存，在安乐中会导致灭亡。

关于快乐，孟子强调，第一要以尧舜的理想为乐，以尧舜之道为乐，就是行善，尽量帮助别人做好事。孟子说舜与人为善，舜把别人的善拿来在自己身上实践，别人就更愿意行善。即让大家一起，把自己身上善的行为，有恒心地做下去。第二种要以孔子的理想为乐，以人为本，尊重每个人生命的价值。

君子乐　具有三

孟子曾公开说，君子有三种快乐。第一种快乐"父母俱存，兄弟无故"。这是说父母都还健康地活着，兄弟姐妹都无灾无难。在孟子看来，因为父母健在，他就会"老吾老，以及人之老"，兄弟姐妹健在，就会在看到与自己兄弟姐妹年龄差不多的人时，也会以友爱相处，这是一种人性自然发展的趋势跟阶段。所以人生的快乐是因为我们的人性可以发展，快乐是人性发展的一个正常状态。

第二种的快乐，"仰不愧于天，俯不怍于人"。仰不愧于天，孟子认为人生下来有人的使命，这个使命就是好好做一个人，不是成家立业、传宗接代，而是设法择善固执，追求止于至善。所以孟子说做一个真正的人，就是做成圣人。

第三种快乐，"得天下英才而教育之"。儒家所谓的英才就是有上进心的人。在社会上，常被用来教导晚辈，掌管教导部下，年纪大的去告诉年纪轻的人，都是一种教育，而这些年轻的受教者有心上进的话，就是当老师的快乐。文化发展需要继承和发展。年轻一辈愿意上进，将来就有更大的希望。

发于内　求诸己

在孟子看来，人生的三大快乐超过当帝王的快乐。关于最大的快乐，孟子也有一段描述："万物皆备于我矣。反身而诚，乐莫大焉。"万物皆备于我，就是一切在我这里都备齐了，一个人活在世界上，本身就内在圆满，具备所有的快乐条件。"反身而诚"，反省自己发现真诚，那么就没有更大的快乐了。在儒家思想里面，真诚不是一个人关起门来真诚，讲真诚时，要关注自己跟别人之间的关系是否适当。如果适当，内心将非常愉快，问心无愧。如果不适当，就要寻找改善之道。

儒家认为每个人都要面对自己的人性，人性向善，真诚引发力量，由内而发。掌握这个原则，谈到儒家的快乐，就变成我们每个人可以操之于己，而不用求之于人了。在学习《孟子》后，会感觉内心充满浩然之气，也可以明白，如何过快乐而有意义的人生，不断提升生命的境界。

（作者：傅佩荣；选自《孟子的智慧》）

赏析

孟子对于人性的出发点的认识是非常精致、非常准确的。人类之所以成为万物之灵，就是因为智慧。孟子的理论是任何人明白什么是善才能够生存，才能够真诚。傅佩荣教授的解读条分缕析，层次分明地展示了孟子的人性善恶观，让我们得以窥见孟子智慧的冰山一角。

含英咀华

《愚公移山》的哲学化解读

《愚公移山》是节选自《列子·汤问》中的一则寓言故事，表现了先秦时期人们的生活理想和人生追求。

这个故事是《列子·汤问》篇中商汤与夏革关于宇宙、时间、空间等抽象的哲学思辨后谈到的几个神话、寓言故事之一。先秦诸子多擅长将抽象的逻辑思辨与形象化的神话寓言故事相融合来表达其政治、哲学思想，这种抽象思维与形象思维的和谐统一体现了一种难以言表的思维和表达的美感，人类幼年时期这种天真烂漫的思维表达方式其实很契合中学生阶段的思维特点，遗憾的是，我们淡化了这种思维能力的训练和培养,而全部聚焦到了道德化的评判。这种摇曳多姿的思维表达尤以道家著作为著,基于此,解读《愚公移山》我们首先得尊重寓言这种古老的表达方式的体裁本质:它不是写实的,而是与神话一样虚拟的;它可借以讽喻现实政治人生,更可微言大义,借以表达抽象的哲学思辨。

毋庸讳言,《愚公移山》作为一篇独立的文本,有其相对的独立性,然而语文学科首先是一门科学,那么对文本的解读就必须遵循文本的科学逻辑,这一科学逻辑的体现就是尊重和回归文本的实质。

先从人物说起,愚公是一个虚拟化的人物。其实寓言和神话是分不开的,那么愚公与共工、夸父等神话人物就其表达的意义来说没有区别,都是其抽象思维的形象化表达符号,是形而上的形象化表达。列子像设计一个图腾形象一样来勾画愚公这个人物:他无稽可考,纯属虚构;山野小民,却灵魂强大;"年且九十",却豪情万丈。人物外在生命状况与内在强大的精神之间形成了巨大的张力,这一张力的终极指向是列子对时间、空间和生命大格局的哲学思考。

再从情节说起,《愚公移山》的情节具有虚拟、荒诞的特征,与世俗的认识论、价值观明显相悖,加之荒诞化的故事结局,很明显在暗示一种超然于世俗价值的世界观。故事情节这种荒诞不经的价值指向,列子在告白什么?难道仅仅是坚持不懈或人定胜天的泛道德化说教吗?

时间、空间和终极结果是一切哲学关注的根本性问题。我们不妨再从这三个角度来解读此则寓言:

从时间角度看,第一,愚公"年且九十",逼近人类世俗寿命极限的生命时间与豪情万丈创业起始时间构成巨大的张力;第二,"寒暑易节,始一反焉"这一有悖于现实价值观的时间节奏有超然的价值指向;第三,"子子孙孙无穷匮也"的大生命时间跨度,体现了一种"无际涯"的大时间尺度。

从空间角度看,第一,阻塞于"方七百里,高万仞"的居住空间界定了一个以人力不可违逆的空间环境;第二,"箕畚运于渤海之尾",最原始的工具与大跨度的移动空间明显有悖于世俗的价值标准;第三,天帝命夸娥氏二子移山的大空间变化体现了一种超人力的大空间尺度。

从终极结果角度看,因"帝感其诚",而使违逆于世俗价值观的荒诞行为却获得了大团圆的结局。这"诚"字沟通了"人力"与"天力",这

"诚"字又沟通了一种怎样的宇宙观？

这三方面的思考导向很明显指向了一种与我们平常完全相悖的全新的价值观、世界观。列子是在以一种我们完全陌生的时空角度来叙事，来表达一种超凡的生命存在状态，这是怎样一种时空观念呢？我们古老的祖先对于宇宙、时间、空间幼稚瑰丽的思考，远远超越了物质水平，以天地人三才的自尊，勾画了一幅雄奇瑰丽的宇宙图画，彰显了一种磅礴宏大的生命格局。由此产生的震撼感如同人类从牛顿的宇宙空间一下跃进到了爱因斯坦的相对论空间一样。

（作者：张存平；选文有删节）

陶渊明的菊花

陶渊明与菊花有不解之缘，笔下多次出现菊花意象，其中最著名的莫过于《饮酒（其五）》中的"采菊东篱下，悠然见南山"一句。这首诗通过对悠然自得的隐居生活的叙写，表现了作者对喧嚣官场的厌恶和对农村淳朴生活的热爱；在对自然景物的本色描摹中，流露出超旷闲逸、恬适宁静的心情，展现了作者淡泊名利、坚贞芳秀的品格。这样，人们把陶渊明与菊花等同，认为菊花代表了作者孤高傲世、不随流俗的处世原则和安贫乐道、崇尚自然的人生态度。这种解读固然很有道理，但似乎仍有可继续补充说明之处。

出现在陶诗中的另外一些菊花意象则没有太多的人格象征意味，而是隐含着作者对生死这一人生重大问题的思考。这一思考与汉魏时期人们对菊花的认识有很大关系。

菊花图 ［清］张同曾

菊花本是一种普通的植物，但因其在深秋时节凌寒独开，便成了生命力旺盛的象征；又因花期在九月九日重阳节前后，"九""久"谐音，于是它又成了长寿的代名词。因此，中国很早就有食菊以求延年的习俗。屈原《离骚》中有"夕餐秋菊之落英"之句，其采食菊花的目的即是为了长寿。汉魏时期，这方面的记载很多。《西京杂记》中说："汉人采菊花并茎叶，酿之以黍米，至来年九月九日，熟而就饮，谓之菊花酒。"《太平御览》记载："南阳郦县有甘泉谷，水甘美，云其山上有菊花。水从山中流下得其滋液。谷中三十余家，不复穿井，仰饮此水，上寿者一百二十，中者百余岁。"魏文帝曹丕也在《九日与钟繇书》中说："至于芳菊，纷然独荣，非夫含乾坤之纯和，体芬芳之淑气，孰能如此？故屈平悲冉冉之将老，思食秋菊之落英。辅体延年，莫斯之贵。谨奉一束，以助彭祖之术。"傅玄在《菊赋》中也说菊花"服之者长寿，食之者通神"。可见，汉魏时期的人们普遍认为菊花有延年益寿之效，生活在晋、宋之际的陶渊明自当受此影响。而出现在陶诗中的一些菊花形象正表达了作者试图借此延缓衰老的希求。

《九日闲居》序云："余闲居，爱重九之名，秋菊盈园，而持醪靡由。空服九华，寄怀于言。""九华"即重九之华，也就是菊花。菊花本应泡酒，但因家贫无酒，只能"空服"。为什么一定要食用菊花呢？诗中给出了答案："世短意常多，斯人乐久生""酒能祛百虑，菊为制颓龄"。"世短意常多"即《古诗》中"生年不满百，常怀千岁忧"的化用，可见诗人胸中潜隐着魏晋士人常有的时光飘忽、人生短促的感怀，心底也深藏着对衰老、死亡的隐忧，这样自然会生出久生长寿的企求，于是为了延缓衰老、禁制"颓龄"，便服食当时人们普遍相信有延年功效的菊花酒。

但这就让人有些不解了：崇尚自然的陶渊明，在生命问题上主张委运大化、顺其自然，本应有一种对生死的超然旷达，却为何对生死反复述说、念念不忘呢？他对生死到底持一种怎样的态度呢？

现存120多首陶诗中，有大量以生死为主题的作品，其中组诗《形影神》颇能代表陶渊明的思想。《形影神》的主旨在于表达对生死问题的看法，探索人生的意义和价值。"形"即身体，指代人长视久生的企求。第一首《形赠影》首先提出一个人类永恒的困惑："天地长不没，山川无改时。草木得常理，霜露荣悴之。谓人最灵智，独复不如兹！"肉体生命是有限的、短暂的，长生不老的"腾化术"是不可得的，死亡是每个人不可逃避的最终归宿，任何人都会"奄去靡归期"。在冷酷的死亡面前的无能为力，自然会使人生出愁苦、畏惧之情。怎样化解这一人生痛苦呢？"形"的办法是饮酒享乐，"得酒莫苟辞"。

"影"否定了"形"的这种人生追求。"影"即人的影子，代指人立善求名的愿望。在第二首《影答形》中，"影"提出了自己的见解：既然"存生不可言，卫生每苦拙"，是否可以通过

"立善有遗爱"来获得生命的永恒呢?如果能在有生之年建功立业,赢得生前身后名,即便肉体生命终结,个体生命也会在后世的传扬中获得永恒。"影"从生命个体存在的社会价值来立论,它的主张代表了儒家欲借"立德、立功、立言"来实现不朽的人生价值的生命追求。

对死亡的释然与旷达本就源于对死亡的无奈与忧虑,有迁逝之悲才有消解这种悲苦的努力。也就是说,陶渊明并没有完全摆脱对死亡的忧虑。如果彻底委运任化,就应该"不喜亦不惧",就不会对死亡反复述说,更不会人为地去延长生命,当然也就不会采食据信有禁制"颓龄"功效的菊花(无论如何,菊花并不是美味)。但事实并非如此。细读陶诗,人们分明能感受到一种深隐的人生苦闷。

陶渊明还有一首描写重阳节的作品,即作于义熙五年的《己酉岁九月九日》:"靡靡秋已夕,凄凄风露交。蔓草不复荣,园木空自凋。清气澄余滓,杳然天界高。哀蝉无留响,丛雁鸣云霄。万化相寻绎,人生岂不劳!从古皆有没,念之中心焦。何以称我情,浊酒且自陶。千载非所知,聊以永今朝。"此诗写得沉郁悲凉,但所悲者并非秋色。面对因节序更替而产生的草、林、蝉、雁、清气、余滓的变化,作者触景生思,由整个宇宙的迁移变化,联想到个体生命的必然归宿。"万化相寻绎",每个生命个体都要遵循这种有生有灭的变化规律,多么让人伤感忧劳。而"从古皆有没"的事实又怎不令人"念之中心焦"?为了消除这种焦虑,使自己感到称情适意,作者饮浊酒以"自陶"。此酒是否为菊花酒我们不得而知,但诗中所流露的对人生的不舍却是显而易见的。既然"千载非所知",那就"聊以永今朝"。"永"可解作歌咏,也可解为延长。从整首诗来看,后一种解释似乎更为贴切。而无论哪种理解,都流露出作者对人生的深深眷恋。对终将到来的死亡,陶渊明看得很透、很开,他不相信长生不死之说。他的采食菊花,应该有试图延缓衰老的用意,但这主要不是出于对死亡的恐惧,而是源自岁华摇落、老大无成的焦虑。

在涉及死亡主题的陶诗中,《拟挽歌辞三首》和《自祭文》显得颇为独特。在这些作品里,作者同样能以达观的态度对待死亡:"有生必有死,早终非命促"(《拟挽歌辞三首》其一),"余今斯化,可以无恨。寿涉百龄,身慕肥遁,从老得终,奚所复恋"(《自祭文》)。但达观之中同样有难掩的孤寂与悲凉:"荒草何茫茫,白杨亦萧萧。严霜九月中，送我出远郊。四面无人居，高坟正嶣峣。马为仰天鸣，风为自萧条。幽室一已闭，千年不复朝。"（《拟挽歌辞三首》其三）尤其是《自祭文》结尾处"人生实难，死如之何"一句，更让人感到了作者心中始终未能摆脱的浓重的伤感，据此，"我们不唯可窥知他旷达、静穆的心境背后有多么浓重的苦恼与悲伤，而且可以窥知他写《拟挽歌辞》与《自祭文》的更深层的动机，他是怀着对人生的深深遗憾或者不满甚至愤慨才起了自挽自祭的念头的"。也就是说，他不满世道的昏暗阻遏，愤慨人生理想的难以实现。

像许多封建文人一样，陶渊明从小也接受了儒家的用世精神，建功立业是他一生的主导思想。《杂诗十二首》其五中说"忆我少壮时，无乐自欣豫。猛志逸四海，骞翮思远翥"，吐露出年轻时匡时济世的宏愿。《拟古九首》中"少年壮且厉，抚剑独行游"，也道出了自己少年时期的人生理想。他本想在有限的人生中有所作为，但他生不逢时，欲有为而不可，残酷的现实使他积极有为的人生追求成为泡影，而源于道家思想的独立人格又使他不屑与黑暗的官场同流合污。他所忧惧的与其说是衰老，不如说是因衰老而导致的"白首无成"（《荣木》）。他痛苦的不是肉体生命的短暂，不是"日月掷人去"，而是个体生命之树毫无价值的凋零，是"有志不获骋"。

这样，我们看到了一个真实的陶渊明：一方面，他借助委运任化的人生态度，常常能达到物我一体、与道冥一的人生境界，在很多时候摆脱了生老病死、出处去就的人生困扰，获得了心境的宁静；另一方面，他又不是一个吸风饮露的藐姑射神人，"始终未能摆脱浓重的伤感，未能摆脱死亡的阴影对于他的与宇宙泯一的心灵的遮蔽"，心中一直萦绕着有关生死的问题。面对死亡，陶渊明有过感伤，有过悲哀，但绝少颓丧，正是在死的悲哀中显示出他对生的执着。一句话，面对死亡，陶渊明有过痛苦，有过焦虑，但绝少恐惧，而痛苦与焦虑的深处，则是他对人生的留恋，对个体生命价值的珍重。

（作者：俞泽峰）

《春望》之"望"韵味细品

杜甫《春望》中的"望"字可谓文采无限，值得我们在学习过程中仔细品味。

一、"望"与反差

众所周知，所谓的"望"就是向远处看。但是作者杜甫在春季的长安望到的景象却与其希望看到的现实呈现出极大的反差。因此，作者在诗歌的首联中，运用两个特殊的词语点出了这种差别。那两个词语，一个是"破"，一个是"深"。通过这两个简单的词汇，作者表达了三个层面的极大反差。

首先，在首联的上半句"国破山河在"中，作者通过"国破"与"山河"的对比表现了第一个层面的现实反差。作者杜甫在春季的国都长安，举目四望，虽然山河依旧在，虽然山河依旧是草木萌发，但是国都长安却非昔日的长安，怎一个"破"字了得。于是在诗人的心中，在作者的眼前，出现了诗歌中的第一个极大的反差：一种自然的美景与时代的悲剧相互映衬而使悲者更悲。其次，在首联的下半句"城春草木深"中，作者又用一个"深"字，来描绘他远望所得的第二个极大的反差：季节与现实的反差。从字面的意思看，春季的都城，草木茂盛本无差别而言，但细细地一想，不应该出现草木的地方长出草木，不应该草木茂盛的地方，草木却长得令人望而生畏，这是一件多么可怕的事情啊。这也就是说，草木长得茂盛本无可厚非，何况是春季，但是在国都的城里而不是长安的郊区出现了这样的景象，不由得令人吃惊。即草木出现在不应该出现的地方，而且给人以"深"之感，所以令人生畏，因为作者在前半句中给出了草木茂盛的原因——国破而非因为春季。再次，在首联中，前后两句相互印证并形成了深刻的对比。前半句"国破"与"山河"的对比是在为后半句"城春"与"草木深"的对比交代原因；后半句中"城春"与"草木深"的现实又是对前半句"国破"与"山河"对比的原因做具体的验证。总之，这三个层面的"反差"构成了诗歌的核心内容。它是我们后边理解作者情感的基础。

二、"望"与情感

学习过《春望》这首诗歌的人都知道，作者春季在国都长安所望之景是诗歌作品的核心内容。而正是作者在望中所见到的事实反差，使作者那种忧国忧民的情感油然而生，并且作者把它浓缩于颔联和尾联之中。其中"感时花溅泪，恨别鸟惊心"一联首先写出作者对祖国前途命运的担忧之情。虽然不同的读者对此有不同的理解，但是，无论是从拟人修辞出发，把它理解成"花感时而落泪，鸟恨别而惊心"，还是从作者的角度出发，把它理解成作者因感伤时事见花落泪，听鸟鸣而心惊，都不会影响我们对作者那种忧国忧民情感的共鸣。其次，在诗歌的尾联中，"白头搔更短，浑欲不胜簪"一句，虽然诗人没有直接叙述出自己"搔白头"的原因，但其前边的叙述"烽火连三月，家书抵万金"已使读者了然于胸，特别是后边那句"浑欲不胜簪"，更是把作者那对亲人的担忧，表现得一览无余。至此，一位思国、忧家的诗人站到了读者的眼前，一位身心疲惫、情感憔悴的诗人站到了读者的眼前。

三、"望"与意境

《春望》之"望"既是作者构筑诗歌内容的基础，又是作者抒发情感的媒介，而且它还是作者组建诗歌意境的手段。这首诗歌之所以感人肺腑，就是因为作者杜甫为读者在诗中营造了一个凄美的意境。首先，作者通过自己在长安远望所得，选择精准的物象来营造诗歌的意境：春季的都城、草木深深的自然景观、盛开的花朵、乱啼的鸟儿、白发的自己等典型的物象，营造了一个凄美的、饱受磨难的国都长安。特别是在此基础上，作者又由所望到的现实，想到了"烽火中的家书"，使自己的情感陡然间得到了升华。换而言之，就是作者杜甫所望的"现实之景"与其所望的"心中之景"构成了诗歌凄美的意境。

（作者：赵永发）

读写津梁

阅读方法

关于阅读方法谈几点看法。

第一是理解。理解又可分两方面来说。（1）关于辞句的；（2）关于全文的。关于辞句的理解，不外乎从辞义的解释入手，次之是文法知识的运用。辞义的解释如不正确，不但读不通眼前的文字，结果还会于写作时露出毛病。因为我们在阅读时收得的辞义，不彻底明白，写作时就不知不觉地施用，闹出笑话来（笑话的构成有种种条件，而辞义的误用是最重要条件之一）。文字不通的原因，非文法不合即用辞与意思不符之故。"名教""概念""观念""幽默"等类名辞的误用，是常可在青年所写的文字中见到的，这就可证明他们当把这些名辞装入脑中去的时候，并未得到正当的解释。每逢见到新辞新语，务须求得正解，多翻词典、多问师友，切不可任其含糊。辞义的解释正确了，逐句的文句已可通解了，那么就可说能理解全文了吗？尚未。文字的理解，最要紧的是捕捉大意或要旨，否则逐句虽已理解，对于全文仍难免有不得要领之弊。一篇文字，全体必有一个中心思想,每节每段也必有一个要旨。文字虽有几千字或几万字,其中全文中心思想与每节、每段的要旨,确是可以用一句话或几个字来包括的。阅读的人如不能抽出这潜藏在文字背后的真意,只就每句的文字表面支离求解,结果每句是懂了,而全文的真意所在仍是茫然。本稿字数有限,冗长的文例是无法举的,为使大家便于了解,略举一二部分的短例如下:

当此之时,天下之大,万民之众,王侯之威,谋臣之权,皆欲决苏秦之策;不费斗粮,未烦一兵,未战一士,未绝一弦,未折一矢,诸侯相亲,贤于兄弟。

——《战国策》

"天下之大"以下同形式数句,只是"全世"之意;从"不"字句起至一连数句"未"什么,只是"不战"二字之意而已。

外物不可必,故龙逢诛,比干戮,箕子狂,恶来死,桀纣亡。人主莫不欲其臣之忠,而忠未必信,故伍员流于江,苌弘死于蜀,藏其血三年而化为碧。人亲莫不欲其子之孝,而孝未必爱,故孝己忧而曾参悲。

——《庄子·外物篇》

这段文字,要旨只是第一句"外物不可必"五字,其余只是敷衍这五字的例证。

说着大家来至秦氏房中。刚至房门,便有一股细细的甜香袭人而来。宝玉觉得眼饧骨软,连说"好香!"。入房向壁上看时,有唐伯虎画的《海棠春睡图》,两边有宋学士秦太虚写的一副对联,其联云:"嫩寒锁梦因春冷,芳气笼人是酒香。"案上设着武则天当日镜室中设的宝镜,一边摆着飞燕立着舞过的金盘,盘内盛着安禄山掷过伤了太真乳的木瓜,上面设着寿阳公主于含章殿下卧的宝榻,悬的是同昌公主制的联珠帐。

——《红楼梦》第五回

把房中陈设写得如此天花乱坠,作者的本意,只是想表现出贾家的富丽与秦氏的轻艳而已。

对于一篇文字,用了这样概括的方法,逐步读去,必能求得各节、各段的要旨,及全文的真意所在,把长长的文字归纳于简单的一个概念之中,记忆既易,装在脑子里也可免了乱杂。用譬喻来说,长长的文字,好比一大碗有颜色的水,我们想收得其中的颜色,最好能使之凝积成一小小的颜色块,弃去清水,把小小的颜色块带在身边走。

理解以外,还有所谓鉴赏的一种重要功夫须做,对于某篇文字要了解其中的各句、各段及其全文旨趣所在,这是属于理解的事。想知道其每句、每段或全文的好处所在，这是属于鉴赏的事。阅读了好文字，如果只能理解其意义，而不能知道其好处，犹如对了一幅名画，只辨识了些其中画着的人物或椅子、树木等等，而不去领略那全幅画的美点一样，何等可惜。

鉴赏因了人的程度而不同，诸君于第一年级读过的好文字，到第二年级再读时，会感到有不同的处所，到毕业后再读，就会更觉得不同了。从前的所谓好处，到后来有的会觉得并不好，此外别有好的会所，有的或竟更觉得比前可爱，我幼年读唐诗时，曾把好的句加圈。近来偶然拿出旧书来看，就不禁自笑幼稚，发现有许多不对的地方，有好句子而不圈的，有句子并不甚好而圈的，这种经验，我想一定人人都有。不但对于文字如此，对于书法、绘画，乃至对于整个的人生都是如此的。

鉴赏的能力既因人而异的，因时而异，关于鉴赏，要想说出一个方法来，原是很不容易的事，姑且把我的经验与所见约略写出一二，以供读者诸君参考。

据我的经验，鉴赏的第一条件，是把"我"放入所鉴赏的对象中去，两相比较，一边读，一边自问："如果叫我来说，将怎样？"对于文字全体的布局这样问，对于各句或句与句的关系，这样问，对于每句的字，也这样问，经这样一问，可生出三种不同的答案来。

（甲）与我的说法相合或差不多，我也能说，觉得并没有什么。

（乙）我心中早有此意见或感想，可是说不出来，现在却由作者替我代为说出了，觉到一种快悦。

（丙）说法和我全不同，觉得格格不相入。

三种之中属于（甲）的，是平常的文字（在读者看来）；属于（乙）的，是好文字。属于（丙）的怎样？是否一定是不好的文字？不然。如前所说，鉴赏因人而不同，因时而不同，所鉴赏的文字与鉴赏者的程度如果相差太远，鉴赏的作用就无从成立。"仁者见仁，智者见智"，"英雄识英雄"，是相当可信的话，诸君遇到属于（丙）类的文字时，如果这文字是平常的作品，能确认出错误的处所来，那么直斥之为坏的不好的文字，原无不可，倘然那文字是有定评的名作，那就应该虚心反省，把自己未能同意的事，暂认为能力尚未到此境地，益自奋励。这不但文字如此，书法、绘画，无一不然。康有为、沈寐叟的书法是有定评的。可是在市侩却以为不如汪洵的好，最近西洋立体派未来派的画，在乡下土佬看来，当然不及曼陀、西悚的月份牌仕女画来得悦目。

鉴赏的第二要件是冷静。鉴赏有时称"玩赏"，诸君在厅堂上挂着的画幅上，他人手中有书画的扇面上，不是常有见到某某先生"清玩"，或"雅鉴""清赏"等类的字样吗？"玩"和"鉴"与"赏"有关。这"玩"字大有意味。普通所谓"玩"者，差不多含有游戏游戏的态度，就是"无所为而为"，除了这事的本身以外，别无其他目的的意味。读小说时，如果急急要想知道全体的梗概，热心地"未知以后如何，且看下回分解"地急忙读去，虽有好文字，恐也无从玩味，看来出来，第二次、第三次再读，就不同了。因为这时对于全书梗概已经了然，不必再着急，文字的好歹也因而容易看出。将我自己的经验当作例子来说，《红楼梦》第三回中黛玉初到贾府与宝玉第一次见面时，写道：

宝玉看罢，因笑道："这个妹妹我曾见过的。"贾母笑道："可又是胡说，你又何曾见过他？"宝玉笑道："虽然未曾见过他，然我看着面善，心里就算是旧相识，今日只作远别重逢。"

我很赞赏这段文字，因为这一对男女主人公，过去在三生石上赤霞宫中有着那样长久的历史，以后还有许多纠葛，在初会见时，做宝玉的恐怕除了这样说，别无更好的说法的了，故可算得是好文字。可是我对于这几句文字的好处，直到读了数遍以后才发现。(《红楼梦》我曾读过十次以上)这是玩味的结果，并不是初读时就知道的。

好的作品至少要读二遍以后，最初读时不妨以收得梗概，了解大意为主眼，再读时就须留心鉴赏的了。用了"玩"的心情，冷静地去对付作品，不可再囫囵吞咽，要仔细咀嚼，诗要反复地吟，词要低回地诵，文要周回地默读，小说要耐心地细看。

把前人鉴赏的结果拿来做参考，足以发达鉴赏力。读词、读诗不感兴趣的，不妨去择一部诗话或词话读读，读小说不感兴趣的，不妨去一阅有人批过的本子，诗话、词话、文评、小说评，是前人鉴赏的记录，能教示我们以诗词文或小说的好处所在，大足以鉴赏上的指导。

但须注意，前人的诗话、词话、文评、小说评，是前人鉴赏的结果。用以帮助自己的鉴赏能力则可，自己须由此出发，更用了自己的眼识去鉴赏，切不可为所拘执，前人的鉴赏法有好的也有坏的，特别是文评，从来以八股的眼光来评文的甚多，什么"起承转合"，甚至"来龙去脉"，诸如此类，从今日看去实属可哂,用不着再去蹈袭了。

(作者:叶圣陶;选自《文章讲话》,有删节)

文史广角

古代杰出人物及事迹精选

一、周瑜:历史长河中的不灭星光

【获奖名片】坚守信念为国捐躯

【评价】1. 谈笑间,羽扇轻摇,破敌百万;沙场上,征袍染红,血战南郡。他用短暂的一生,诠释忠诚与智慧的真正含义。2. 国家危难,他力排众议,强据曹魏,尽显名士风采;赤壁阵前,他泰然自若,拔剑相迎,破百万曹军。他短暂的一生却如高山般让人仰止!

【颁奖词】权力的巅峰,他触手可及;忠诚的信条,他永生不忘。他火烧赤壁,血战南郡,以自己短暂的生命,成就他人的王者霸业。一颗忠心,东吴元老,他深谋远虑,助吴天下三分。何谓贤谋,何谓良帅,何谓能臣,公瑾是也。

【事迹】周瑜出身士族,早年与孙策是挚友。他尽心辅佐孙策,为孙策东渡江东立下汗马功劳。孙策死后,周瑜又效力孙权。建安七年,曹操下书责令孙权送其子为人质,众大臣犹豫再三不能决断。周瑜力挽狂澜,分析利弊,最终说服群臣。周瑜对孙氏忠贞不贰。他拒绝了曹操使者的游说,态度坚决。建安十三年,曹操挥军三十万会猎江东。周瑜英勇不惧,说服众人,与曹决一死战。面对三十万曹军,周瑜展现的是一位真正的英雄拥有的豪迈。一句"操直送死",一计"火烧曹军",一场"赤壁之战",成就了他的辉煌。这场大火使曹操元气大伤,由此奠定了三分天下的局面。熊熊的火焰是周瑜爱国的心火,是他誓死效忠的赤子之心。赤壁之战后,他为了扩张东吴的势力,主张攻打南郡,在那场战争里他失去了生命,但他在赤壁船头傲立的风姿,依然让人仰望。他将一生都奉献于东吴霸业,直到最后一刻都不曾倒下。

二、屈原:赤子之心的汨罗英魂

【获奖名片】浊世清莲

【评价】1. "宁溘死以流亡兮,余不忍为此态也。"在有些人看来,处世不必过于认真,世道清明,可以出来为官;世道浑浊,可以与世浮沉。然而你宁可投江而

屈原

死，也不愿使清白之身，蒙受世俗尘埃。2. 眼看自己一度兴旺的国家已经无望，虽有心报国，却无力回天。你本可以出走他国，却最终因爱恋国土，于悲愤交加中自沉于汨罗江，殉了自己的理想。怎能不让人叹惋？

【颁奖词】是您，使内外交困的楚国一度出现国富民强、威震诸侯的局面；是您，虽屡遭疏远流放，赤子之心却始终不渝。"路曼曼其修远兮，吾将上下而求索"，直到无能为力，您纵身一跃汨罗江，以身来殉美政理想！

【事迹】屈原，战国时楚国人。我国最早的大诗人，名平，字原。他学识渊博，主张彰明法度，举贤授能，联合齐国，抗击强秦。在同反对派斗争中受诬陷而丢官离职。顷襄王时被放逐，但因此却更加接近人民的生活，对黑暗现实十分不满。后因楚国的日益腐败，首都郢亦被秦兵攻破，他既无力挽救楚国的危亡，又深感政治理想无法实现，遂投汨罗江而死。屈原的著作有《离骚》《九章》等，这些著作文字华美，体现了他的人生理想和政治追求。他看清了贵族的虚伪、昏庸与腐朽，看清了奸臣排斥贤才的行为，看清了社会的种种不仁。他的主张，体现了他对楚国国事的深切忧念以及为理想而献身的伟大精神。

屈原的死是对当时黑暗势力的一种嘲讽和揭露，是一种无言的反抗与斗争，同时也是向后世发出的一个警告——要小心黑暗的势力！他的作品语言生动而富有活力，有着浪漫主义精神，对后世产生了深远的影响！

三、李时珍：用坚持谱写中华传奇

【获奖名片】医学泰斗

【评价】1. 穿上草鞋，背起药筐，远涉深山旷野，遍访名医宿儒，你就是以这样谦逊的姿态和辉煌的成就为中华历史写下一部传奇！2. 一介农夫，怀揣着执着上路，走进大山，风雨兼程，亲尝百种药草，挥就一部影响世界的不朽医典，而他的名字也同《本草纲目》一起刻入历史的记忆。

【颁奖词】身如逆流船，心比铁石坚，坚定的信念伴你步入医学圣殿，不懈的努力带你翱翔成功之巅！

【事迹】李家世代业医，但由于民间医生地位很低，李家常受官绅的欺侮。因此，父亲决定让二儿子李时珍读书应考，以便一朝功成，出人头地。李时珍不屑于空洞乏味的八股文，打算放弃科举做官之路，专心学医，于是向父亲求说并表明决心："身如逆流船，心比铁石坚。望父全儿志，至死不怕难。"父亲最终同意了儿子的要求。李时珍认为，"读万卷书"固然需要，但

"行万里路"更不可少。于是,他既"搜罗百氏",又"采访四方",深入实际进行调查。李时珍的足迹遍布大江南北,后人为此写了"远穷僻壤之产,险探仙麓之华"的诗句,表现他远途跋涉、四方采访的生活。

李时珍每到一地,就虚心地向各式各样的人物求教,其中不乏农民和渔夫。李时珍为了了解药物,并不满足走马看花式的调查,而是"罗列诸品,反复谛视"。例如他在写到白花蛇时,为了真实细致地了解这种剧毒蛇而置危险于度外,到处寻找,终于在捕蛇人的帮助下目睹了捕蛇、制蛇的全过程。李时珍搞清了药物的许多疑难问题,并编著了中国药物学的空前巨著——《本草纲目》。

趣味语文

"飞蛾扑火"为哪般

成语"飞蛾投火"或"飞蛾赴火"的喻义,《现代汉语词典》和《辞海》等都说是"比喻自取灭亡"。难道飞蛾之"投火"或"赴火",真就是为了找死吗?

"飞蛾投火"的语源,辞书都取《梁书·到溉传》的"如飞蛾之赴火,岂焚身之可吝"。只是引例太过简略,于是见有"焚身"二字,便说是"比喻自取灭亡"。这其实是脱离了语境的断章取义。

查《梁书·到溉传》,到溉是梁武帝萧衍的大臣,"少孤贫",但"聪敏有才学",与武帝君臣关系非常融洽。他有个孙子叫到荩,"早聪慧",是个少年才子。一次祖孙俩"从武帝幸京口,登北顾楼赋诗",到荩受诏赋诗立就。武帝览后大为赞赏,开玩笑地对到溉说:"荩定是才子,翻恐卿从来文章假手于荩(恐怕你以前的文章都是他代笔的吧)。"并因此"赐溉《连珠》(古代一种文体)曰:'砚磨墨以腾文,笔飞毫以书信。如飞蛾之赴火,岂焚身之可吝!必耄年其已及,可假之于少荩。'其见知赏如此"。这是说武帝对到溉也很赏识,认为他文章写得好,就像飞蛾赴火一样,为追求完美,哪怕弄坏了身子也在所不惜。只是如今年岁已大,武帝因此嘱咐他以后就让年少的孙子来代写。

梁武帝在此用"飞蛾赴火"作比,绝非"自取灭亡"的意思,而是告诫到溉,不要再像飞蛾赴火那样,太过竭尽心力地去追求文章的完美,以致弄坏了自己的身子。而如今的一些辞书却仅以所引"如飞蛾之赴火,岂焚身之可吝"二句，就释义为"比喻自取灭亡"，显然是断章取义的一种误释。

据《艺文类聚》卷九七《蛾》所引晋苻朗《苻子》的说法，飞蛾之赴火，是因为"不安其昧而乐其明，是犹夕蛾去暗，赴灯而死也"。这是说飞蛾有趋光性，不喜欢黑暗，喜欢光明，尤其是晚上，但凡有点光亮的地方，就会不顾命地飞去，终至"赴灯而死"。另据所引支昙谛《赴火蛾赋》的说法，飞蛾平时"翔无常宅，集无定栖"，因为趋光，所以一旦"烛曜庭宇，灯朗幽房"，便会"纷纷群飞，翩翩来翔"，乃至"赴飞焰而体燋，投煎膏而身亡"。飞蛾完全是因为趋光而赴火以致或"体燋"或"身亡"的，如民谚所说的"飞蛾扑火自烧身"。

鲁迅先生《秋夜》有一段很形象的描绘："后窗的玻璃上丁丁地响，还有许多小飞虫乱撞。不多久，几个进来了，许是从窗纸的破孔进来的。他们一进来，又在玻璃的灯罩上撞得丁丁地响。一个从上面撞进去了，他于是遇到火，而且我以为这火是真的。两三个却休息在灯的纸罩上喘气。"这小飞虫就是飞蛾，之所以会"遇到火"，就是由其舍命的趋光性决定的。因此"飞蛾赴火"的本意只是"趋光"，而非找死。"光"便是飞蛾所追逐的目标。为

了这个目标，是可以不顾命地"撞进去"的。

所以，"飞蛾赴火"的初义，只在强调飞蛾所具有的趋光性。用作比喻，最初的喻义，便是"舍命地奔赴某个目标"。这在古书中有不少例子，只是目标各有不同。如《魏书·崔浩传》载，鲜卑人在慕容垂的号召下，"同类归之，若夜蛾之赴火"。这里的目标就是投军，投奔到慕容垂的军队里去。又如李德裕《虚名论》之"趋之者如飞蛾赴火，唯耻不及"，这里的目标则是追逐虚名了。又《新唐书·李德裕传》载，李德裕曾有谏言说"小人于利，若蛾赴烛"，以及支昙谛《赴火蛾赋》中所说的"悉达有言曰：'愚人贫身，如蛾投火。'诚哉斯言，信而有徵也"，这里的目标又是逐利和贪财了。所以"飞蛾赴火"的初义，只是追逐某个所向往的目标，为了这个目标，是可以不惜献身的。

据说飞蛾在赴火时，是"知往而不知返，知进而不知退"（南唐·谭峭《化书·飞蛾》）的，常因趋光"不知返"而"撞进去"，于是就会"遇到

火"而"自烧身",如支昙谛所说的或"体燋"或"身亡",这才引申出"自取灭亡"的新义来的。这个新的喻义,如今已成了常用义。

因此,成语"飞蛾投火"或"飞蛾赴火",从语义演变的角度说,应该是有两个义项的。其一就是如今常用的基本义,"比喻自取灭亡"。其二则是最初的喻义,"比喻舍命地奔向某个目标"。虽说眼下已无此类用例,但如今常用的基本义,却正是由这个初义衍生而来的。

（作者：陈璧耀；选自《咬文嚼字》2016年第9期）

妙用谐音,情趣横生

什么是谐音呢？谐音就是利用语言文字音同或音近的关系,有意使语句兼有两种意思,表面上说这个意思,实际上是说另一个意思。这另一个意思才是说话的真意所在,它在现实生活当中被广泛应用。

谐音作为借助语音形式的相同或相近特点而取得特殊表达效果的一种修辞方法,形式多样、内涵丰富,在现实的语言生活中应用广泛。如电话号码、对联撰写、笑话故事、商业广告等都有应用。

谐音既是一门语言艺术,又是一个人智慧的体现,恰当地使用它,可以使你的语言陡然生色,给我们的人际交往添色、添彩、添情趣。

一、谐音广告

商家采用谐音广告,可增加幽默感、趣味性,使广告具有诱惑力,从而增加商品的品牌效应。如：

1. "酱"出名门,传统好滋味。

——酱菜广告

2. 病口不治,笑口何来？

——华素片广告

例1将成语"将出名门"做了同音异形改动；例2借"脍炙人口"这一成语的谐音,巧妙地描述该药的特点,给人耳目一新之感。又。如：

3. "闲"妻良母。

——洗衣机广告

4. 中国电信,千里"音"缘一线牵。

——国际长途电话广告

5. 趁早下"斑",不要"痘"留。

——化妆品广告

例3的"闲"与贤妻良母中的"贤"谐音,例4的"音"与千里姻缘中的"姻"谐音,例5中的"下斑"同"下班"相谐,"痘留"同"逗留"相谐,利用谐音增加广告的幽默感,读起来饶有风趣,使消费者过目难忘。

二、谐音故事

从前,有一个特别喜爱喝酒的私塾先生。他为了有空溜出去喝酒,就常常留一些刁难人的题目让学生们做。有一回,他酒瘾又犯了,但是还不到放学时间,他便只好故伎重演,叫学生背诵圆周率,放学之前得背出30位小数,否则不许回家。"3.141592653589793238462643383279",学生们硬着头皮死背。偏偏有几个调皮鬼满不在乎,一溜烟奔后山玩去了。忽然,他们看见了先生——他正和一个和尚在山顶的凉亭里喝酒呢!几个调皮鬼好不气愤,于是琢磨开了……等到夕阳西下,先生酒足饭饱,想起了这帮学生,便回来考查他们。那些听话的学生偏偏背不下来,倒是那些调皮鬼张口就来:"山巅一寺一壶酒(3.14159),尔乐苦煞吾(26535),把酒吃(897),酒杀尔(932),杀不死(384),遛尔遛死(6264),扇扇刮(338),扇耳吃酒(3279)。"调皮鬼们边念边手舞足蹈地表演。先生气得目瞪口呆,却也无可奈何。

三、谐音对联

就是对联中有一些不恰当的字,利用语言文字同音、同义的关系,使一句话涉及两件事情或两种内容,一语双关地表达作者所要表达的意思。例如,有一副"隐字联"。上联:二三四五;下联:六七八九。此联的横批是"南北",相传为宋朝吕蒙正所作。吕少时家境贫寒,生活窘迫,有一年春节,家中缺衣少食,过得冷冷清清,与富贵人家不可同日而语。苦读寒窗的吕蒙正巧用"隐字"修辞,上联隐"一",下联隐"十",谐音"无衣无食",横批隐含"无东西",可谓叫苦有方。

(作者:王礼平;选自《新作文》2009年第9期)

七　在经典的深处行走

英国著名诗人拜伦曾说过："一滴墨水可以引发千万人的思考，一本好书可以改变无数人的命运。"的确，读书对于一个人的文化水平高低、知识多少、志向大小、修养好坏、品行优劣、情趣雅俗，往往起着至关重要的作用。而真正的经典，往往都有着强大的精神力量，指引我们的成长方向。阅读经典，它的广度可以改变我们生命历程的长短，它的深度可以决定我们思想境界的高低。站在大师的肩上，我们能够看得更远；沿着他们开拓的道路，我们能够前进得更快。

每一部文学经典，都代表着不同凡响的创造，都是人类文化的鸿篇巨制。在经典深处行走，我们的人生会璀璨生辉。

经典导读

《庄子》

了解《庄子》，需要追溯到两千多年前的春秋战国时期。当时，社会的大变革促进了学术的繁荣，形成了"百家争鸣"

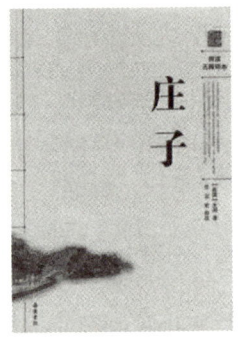

的局面，其中最有影响的主要是儒家、墨家、道家和法家。

道家学派的创始人是春秋晚期的老子，到了战国时期，庄子继承并发展了老子的思想。《庄子》一书，是由他和门人编成的，又名《逍遥游》，分内篇、外篇、杂篇三大部分，原有五十二篇，现存三十三篇，是与老子的《道德经》齐名的道家经典，被道教奉为《南华经》。在诸子散文中，《庄子》的艺术成就最高，风格独特。其最大的特点是善于运用生动形象的比喻和情节丰富的寓言故事，来表达十分抽象的哲理，书中包括大小寓言二百多个。

如果把诸子百家比作缤纷的花园，那么庄子当是园中的一朵奇葩。庄子携手《庄子》穿越茫茫时空，在中国古典文学的百花园中散发着独特而恒久的芬芳。有人说,研究中国哲学,不能不读《庄子》;研究中国文学,也不能不读《庄子》。鲁迅先生也曾说过:"其文汪洋辟阖,仪态万方,晚周诸子之作,莫能先也。"

(一)
《庄子》中的成语故事

大家一定听说过"井底之蛙""庄周梦蝶""朝三暮四"这些成语吧?你们知道它们背后的故事吗?

我们先来回顾"井底之蛙"的故事。

在一口浅井里有一只青蛙,它对从东海中来的大鳖说:"我多么快乐啊!出去玩耍,就在井口的围栏杆蹦蹦跳跳,回来就蹲在井壁残破的砖窟窿里休息;跳进水里,水刚好托着我的胳肢窝和面颊;踏入泥里,泥水就盖住了我的脚背。回头看一看那些赤虫、螃蟹与蝌蚪一类的小虫吧,哪个能同我相比!并且,我独占一坑水,在井上想跳就跳,想停就停,真是快乐极了!您为什么不常来我这里参观参观呢?"

海鳖左脚还没踏进井里,右腿已被井壁卡住了。于是,它在井边慢慢地徘徊了一阵就退回来了,把大海的景象告诉青蛙,说道:"千里的确很远,可是它不能够形容海的辽阔;千仞的确很高,可是它不能够测量海的深度。夏禹的时候,十年有九年水灾,可是海水并不显得增多;商汤时,八年有七年干旱,可是海水也不显得减少。永恒的大海啊,不随时间的长短而改变,也不因为雨量的多少而涨落。这才是住在东海里最大的快乐啊!"

浅井的青蛙听了这一番话,茫然不知所措,深深感到了自己的渺小。

可怜可悲的井底之蛙只能坐井观天,这个故事在时时提醒着后人切莫做眼界狭小、目光短浅的人。

"庄周梦蝶"这个带有梦幻色彩的成语又有着怎样的故事呢?

庄周梦蝶图　赵明钧

庄子梦中幻化为栩栩如生的蝴蝶,忘记了自己原来是人,醒来后才发觉自己仍然是庄子。究竟是庄子梦中变为蝴蝶,还是蝴蝶梦中变为了庄子呢?实在难以分辨清楚。

一个浪漫美丽亦真亦幻的故事引发的是人们对人生的哲理思考。

如果用"朝三暮四"形容一个人，那么这人肯定不会受人欢迎。谁会喜欢与常常变卦、反复无常的人交朋友呢？可"朝三暮四"的本意并非如此。

一个养猴人想要限定猴子们吃橡子的数量，但又怕猴子生气不听从自己，就先对它们说："我给你们分橡子，早上三颗，晚上四颗。"猴子们一听非常愤怒。养猴人便改口说："那么就早上四颗，晚上三颗。"猴子们听后都很开心。其实橡子的总数没有变，只是分配方式有所变化，猴子们就转怒为喜。因而"朝三暮四"这个成语本意是指玩弄手法欺骗人。

每一个成语背后都有一个生动有趣的故事，每一个故事都在含蓄地告诉我们一个道理。知道这些故事的源头吗？它们都出自《庄子》一书，类似的成语还有不少。

（二）
庄子素描

庄子（约前369～前286），名周，战国时期宋国人。与梁惠王、齐宣王同时，约比孟轲的年龄略小，唐朝时被唐明皇封为"南华真人"，著名的思想家、哲学家、文学家。他的学说涵盖着当时社会生活的方方面面，但根本精神还是归依于老子的哲学。后世将他与老子并称为"老庄"。他出身于没落贵族家庭，曾做过宋国漆园小吏，相当于现在的保管员。后来厌恶官场，"终身不仕"，终老天年，没有什么社会的名分。

庄子过着怎样的生活呢？

在《外物》篇里有这么一个故事。庄周家里很贫困，有一天，家里穷得实在是揭不开锅了，他就去找监河侯借米。监河侯是当时专管水利的一个小官，看河的，生活比他要好一点。这个监河侯对他非常热情，说："好啊，我马上要去封邑之地收取税金，你等着我，一旦把税金全收上来，我打算借给你三百金，好吗？"这个话说得很漂亮，三百金，多么慷慨，可仔细分析，只是一个空头的承诺，不可能兑现！

庄子一听，气得脸色都变了，但他却给这个监河侯讲了一个故事："昨天我来的时候，在路上忽然听到有人叫我的名字。我四下看了看，发现在路上大车轧出来的车辙里面，有一条小鲫鱼，在那里挣扎。我就问鲫鱼，在那里干什么呢？小鲫鱼说：'我是东海水族中的一员，现在你要有一斗一升的水，就能救我的命。'我说：'好啊，我这就去南方游说吴王越王，引来西江的水救你。'这小鲫鱼说：'你要这么说，不如早一点去卖鱼干的铺子里找我吧！'"

由此可见，庄子虽然幽默而有涵养，但并不是一个衣食无忧、生活富足的人。

生活在贫困中的庄子是怎样看待名利的呢？

《秋水》篇里讲了这么一个故事。一天，庄子在濮水边钓鱼，楚王派两位大夫前去请他做官，他们对庄子说："楚王愿将国内的事务劳烦您啊！"庄子拿着鱼竿头也不回地说："我听说楚国有一只神龟，死了已有三千年了，楚王用锦缎包好放在竹匣中，珍藏在宗庙的堂上。这只神龟，它是宁愿死去留下骨头让人们珍藏呢，还是情愿活着在烂泥里拖着尾巴呢？"

两个大夫说："情愿活着在烂泥里拖着尾巴。"

庄子说："请回吧！我要拖着尾巴生活在烂泥里。"

他看破功名，不屑利禄，甚至对于死亡，他也有着自己独到的见解。

濮水钓鱼图　赵明钧

在《至乐》篇有一个非常著名的故事。庄子的结发妻子死了，他的好朋友惠子去吊唁。可惠子到他家时，却见庄子坐在地上敲打着盆唱歌。惠子很气愤，上前质问庄子："你妻子为你生儿育女，现在去世了，你不哭也就算了，怎么还敲着盆在这儿唱歌呢，你也太过分了吧！"庄子淡淡地对惠子说："不是这样啊，她刚死的时候，我怎么能不难过呢？但回过头来想想，她起初是没有生命的。不仅没有生命，而且没有形体；不仅没有形体，而且没有气息。后来，她在若有若无中变化成气，气变化成形，形变化成生命，现在又变化为死。这样生来死往的变化，就好像春夏秋冬四季的运行一样。她静静地安息在天地之间，我却在哭哭啼啼，这不是太不懂生命的真谛了吗？"

在庄子看来，生老病死是人体生命的自然变化，妻子死了，他"鼓盆而歌"，这正是对生命的"道法自然"。如果悲伤、哭泣，反而是不懂生命的真谛。

这就是庄子，一个淡泊名利、愤世嫉俗、廉洁正直，主张修身养性、清静无为、顺应自然，有相当棱角和锋芒的人。

（三）
名家谈庄子

老子所贵道，虚无，因应变化于无为，故著书辞称微妙难识。庄子散道德，放论，要亦归之自然。申子卑卑，施之于名实。韩子引绳墨，切事情，明是非，其极惨礉少恩。皆原于道德之意，而老子深远矣。

——司马迁

吾昔有见于中，口未能言。今见《庄子》，得吾心矣！

——苏 轼

秦汉以来的一部中国文学史，差不多大半是在他（庄子）的影响下发展。

——郭沫若

如果一定要用一种色彩形容《庄子》的话，我看《庄子》是白色的；如果用一种温度形容《庄子》的话，《庄子》的温度比《论语》要低。

——于 丹

名著荐读

老舍：《四世同堂》

战争会带给我们怎样的改变？各个阶层、各色人等是否会因战争改变自己的人生轨迹？当日军的铁蹄踏进中原，小羊圈胡同，这个北平的古老、宁静的胡同会有自己怎样翻天覆地的变化？

《四世同堂》是老舍奉献出来的一块熠熠闪光、为东西方共同珍爱的文化瑰宝，是老舍生前自认为最好、最满意的作品，三部曲组成的壮阔史诗有着如《红楼梦》般丰富的内涵。《四世同堂》包括《惶惑》《偷生》《饥荒》三个部分，以北平小羊圈胡同祁家祖孙四代的活动为主线，辅以小羊圈胡同各色人等的荣辱浮沉、生死存亡，真实地讲述了北平沦陷后到太平洋战争爆发之际的畸形世态，生动地描摹了日寇铁蹄下广大平民的悲惨遭遇和心灵震撼，将沦陷区人民的苦难经历以及他们在苟安的幻想破灭以后逐渐觉醒，直至终于意识到只有坚决抗争才有出路的整个过程娓娓道来。

1937年七七事变之后，侵华日军的铁蹄肆意践踏着古老神圣的北京城。城中小羊圈胡同中十几户老居民的平静生活被打乱了，这些平凡而普通的中国人，一夜之间被迫进入一个梦魇般的世界。祁老太爷是一个秉承中庸之道，凡事以忍为先的封建家长，八国联军打进北京的惨痛经历，使他懂得了在国家民族大事上的是与非、爱与憎。儿子祁天佑上敬父母，下卫子孙，是一个正派的生意人，却因为受到日本人的敲诈勒索、游街示众，被逼投河自尽。长孙祁瑞宣是一位中学英文教师，在极端困难的条件下也不为日寇做事，同贤妻韵梅艰难维持着一家老小的生计。而次孙祁瑞丰则贪图安逸享乐当了汉奸。三孙祁瑞全是个热血青年，出城参加了八路军。全家的心肝宝贝——祁老太爷的曾孙女小妞妞，在抗战胜利之日因肠胃之疾病亡。而小羊圈胡同的其他居民，或奋起抗争，或被出卖而家破人亡，或苟且偷生，认贼作父；有人被屠杀，有人被逼疯……这条小胡同所发生的一切，无不成为中华那一段屈辱历史的缩影和见证。

怀有强烈爱国热情的老舍，在书中对那些富有民族气节的人物寄予了崇敬和同情，而对汉奸败类的嘴脸则厌恶地给予虐画。在老舍的笔下，敌人的残暴统治，各色汉奸卑污活动的丑态展露无遗；而知识分子的善良、懦弱和苦闷，以及一些下层市民的坚强不屈的意志，也得以尽情地展现。

（一）
论《四世同堂》的文化忧思

在最深刻的意义上，《四世同堂》是一部文化反思、文化批判之作。如果说对北平人在日伪统治下生存状态的描绘、对北平市民形态的展示构成了《四世同堂》的一个层面，那么，文化反思与文化批判则构成了《四世同堂》的更深刻的层面。甚至可以说，在《四世同堂》中，沦陷后北平人的生活常常是作为文化反思与文化批判的"材料"而存在的。

也许有人会说，老舍自认为《四世同堂》是他"从事抗战文艺的一个较大的纪念品"。但事实上，过去的人们大都片面

老舍

地、断章取义地理解了老舍的意思，因此过于强调《四世同堂》宣传抗日的一面。老舍的原话是这样的："我决定把《四世同堂》写下去，这部百万字的小说，即使在内容上没有什么可取，我也必须把它写成，成为从事抗战文艺的一个较大的纪念品。""内容上没什么可取"，说的就是小说和一些直接宣传抗日的作品不同，与抗日没有太直接的关系。"内容上没什么可取"，而又成为"从事抗战文艺的一个较大的纪念品"，

说明他是企图在另一种意义（即文化意义）上来思索国家和民族的命运。

自觉的文化意识决定了《四世同堂》在中国现代文学史乃至中国现代思想文化史上的独特地位。这种独特地位是一般简单宣传抗日的作品很难获得的。

《四世同堂》的独特之处正在于：在抗日救亡的旗帜下，它不仅揭露了日本侵略者的凶残、贪婪，汉奸的卑劣、丑恶，而且从中国人自身寻找国土沦陷、民族陷于生存危机的历史原因，从而进入文化反思和对民族劣根性的批判。这样，20世纪40年代被许多人淡忘了的五四启蒙主题在《四世同堂》中重新得到表现。

就对日本侵略者的揭露、对北平人悲惨生活的展示而言，《四世同堂》属于那个时代；但是，就文化反省与对民族劣根性的批判而言，《四世同堂》超越了那个时代。李泽厚把五四时期至20世纪80年代中国现代思想的发展过程概括为"启蒙与救亡的双重变奏"，而这种变奏中的两个主旋律——"启蒙"与"救亡"，早已被老舍和谐地容纳在一部《四世同堂》之中。

我认为《四世同堂》在老舍作品中更具有代表性。开始创作这部长篇小说时老舍45岁，已经积累了整整20年的创作经验，无论在思想上还是文艺上都已经进入成熟期。再者，老舍是以严肃认真（甚至有些庄重）的态度从事《四世同堂》的创作的。1942年，他在一篇文章中将剧本创作与小说创作进行比较，强调小说创作的艰难与严肃。一年半之后，他开始创作《四世同堂》。《四世同堂·序》中所谓的"照计而行""颇有雄心"，也暗示着老舍的庄重与深思熟虑。正是上述因素决定着"四世同堂"在老舍创作中的"集大成"性质。考察一下《四世同堂》之后老舍的小说创作，还会发现，最成功的作品是那部没完成的、表现没落旗人生活的《正红旗下》。而老舍对旗生活方式的描绘、对旗人命运的思考，正是从《四世同堂》对小文夫妇的描写开始的。从这个角度看，《四世同堂》在老舍作品中不仅"承上"，而且"启下"。

关于《四世同堂》，老舍曾经说过："就我个人而言，我自己非常喜欢这部小说，因为它是我从事写作以来最长的，也可能是最好的一本书。"

（作者：董炳月）

（二）
名家谈老舍

老舍是中国知识分子中最杰出的

代表。

——作家 巴金

老舍先生在民族节操方面，在敌人和反动官僚、特务面前，大义凛然，没有一点奴颜媚骨。然而对人民和受苦的朋友们，我从来没见过他有一点架子或屈尊俯就的气息。在重庆时，我常见到他和当时被看作地位低下的穷苦艺人交朋友，帮他们写鼓词，帮他们解决生活上的困难，他对这些穷苦的人们有深厚的感情。

——作家 曹禺

老舍对于北京地域文化的文学描绘，无不成为中国文学特色、文学特征的重要部分。世界了解中国，他的文字是重要文本，中国人想要剔除劣根性，展示新面貌，老舍作品也不能不读，因为他的作品中对我们的劣根性的挖掘与批判，已经到了出神入化化的程度。

——当代学者 傅光明

萧红：《呼兰河传》

战争年代是否一定就要写战火纷飞、骨肉分离？是否那时的作家一定要写的就是战时报告文学？作家萧红给出了否定的答案。

《呼兰河传》是中国文学的一座高峰，美国博士葛浩文认为它是"世界名著之一"，"是中国现代文坛上一部独特的小说"，在整个20世纪的中国文学中，都很难再找到类似的作品。一部仅仅靠回忆童年生活的作品如此容易地就征服了所有读者，这绝非偶然，伟大的文学作品自有震撼心灵的传世价值。当人们回过头来审视20世纪留给后人的文学遗产时，萧红的《呼兰河传》便成为当之无愧的世纪经典之一。

《呼兰河传》创作于抗日战争最艰苦的时期，远在香港的萧红愈加怀念故土，于是，她以自己的家乡和童年生活为原型创作了这部小说，以娴熟的回忆技巧、抒情诗般的散文风格、浑重而轻盈的文笔，造就了她"回忆式"的巅峰之作。

呼兰河是一个既僻远又热闹的小城，城中的交通要道上坐落着一个"大泥坑"，常常淹死一些骡马和小孩，可居民都在看热闹，却没有人出来整治。有的说应该拆墙，有的说应该种树，尽管填坑并不难，但没有一个人去填。又到了小城举行盛典的日子，人们有跳大神的、唱秧歌的、放河灯的、看野台子戏的、看庙会的，热闹异常。"我"的祖父已年近古稀，是一个慈祥、温和的老人，家里面只有他最关心"我"，于是"我"一天到晚都寸步不离地跟着他。祖父常教"我"读诗，带"我"到后花园去游玩。祖孙俩相依相伴，有着无穷的快乐。

"我们"的几家邻居，有喂猪的，还有开粉坊的。他们常常一边劳作一边唱歌，过着快乐的生活；厢房里住着个拉磨的；粉坊旁的小偏房里是赶大车的胡家。胡家养了个12岁的小童养媳——小团圆媳妇。可胡家想给这个成天乐呵呵的小姑娘施下马威，总是无端地打她，左邻右舍也支持胡家的行为。胡家就越打越凶，时间也越打越长，小团圆媳妇被折磨得生了病。胡家听了"大神"的话，决定用开水给小团圆媳妇洗澡。洗澡时，很多人来看热闹，只见她被滚烫的水烫了三次，几天后终于死去了。

"我"有一个叫有二伯的老光棍亲戚，他性情非常古怪，不大与人搭腔，却喜欢同石头、麻雀、黄狗谈天。祖父告诉"我"，有二伯30年前就到了"我"家，日俄战争时，多亏他在，才保住了这个家。他最怕人骂他"绝后"，一听就会伤心地大哭起来。

人们都管拉磨的那个邻居叫"磨倌冯歪嘴子"，他不但会拉磨，还会做年糕。冯歪嘴子和同院老王家的大姑娘王大姐成亲了。然而他的幸福生活遭到邻人们的羡慕和嫉妒，大家都说王大姐坏，谣言层出不穷，冯歪嘴子受尽了人们的冷嘲热讽。过了三年，王大姐在生下第二个孩子后难产死去，冯歪嘴子常常含着眼泪，但他看到大儿子已会拉驴饮水，小儿子也会拍手笑了，于是就不再绝望。在儿子身上，他看到了活着的希望……

在《呼兰河传》中，萧红找到了一种最能表达自己与故乡血肉联系的笔调。在这种沉实有力的书写中，她重新确认了自己与故乡、与呼兰河的关系：她与愚昧保守的故乡不再对立，而是开始平静地对话。故乡给萧红展示了新的启示、新的内涵——那毕竟是与她血脉相通的根。

1941年，萧红在写《呼兰河传》的时候，其他中国作家们大都在写战时报告文学、短文、戏剧或者抗战小说，《呼兰河传》不合当时抗战民众的要求。然而几十年的时光无情地流逝过去，当我们远离了满目疮痍的中国，人们忽然发现萧红的《呼兰河传》像一朵不死的花朵，深藏在历史深处。正是她这种逆向性自主选择，才注定了萧红"千秋万岁名，寂寞身后事"。

在鲁迅心里，萧红是"当今中国最有前途的女作家，会给你们以坚强和挣扎的力气"。这位20世纪三四十年代，被众多大家看好而使文坛无法忽略的女作家，一生颠沛流离、短促悲凉，饱受被放逐的寂寞、孤独和痛苦，她的命运与才情一样备受世人关注。作为中国现代文学史上最富才华的女作家之一，她的文学创作正是其悲剧人生的真实写照。她以自己刻骨铭心的生命体验，抒写着人的悲剧、女性的悲剧和人类生命的悲剧。

（一）
小城故事

《呼兰河传》给我们看萧红的童年是寂寞的。

一位解事颇早的小女孩每天的生活多么单调呵！年年种着小黄瓜、大倭瓜，年年春秋佳日有些蝴蝶、蚂蚱、蜻蜓的后花园，堆满了破旧东西、黑暗而尘封的后房，是她消遣的地方；慈祥而犹有童心的老祖父是她唯一的伴侣；清早在床上学舌似的念老祖父口授的唐诗，白天缠着老祖父讲那些实在已经听厌了的故事，或者看看左邻右舍的千年如一日的刻板生活。如果这样死水似的生活中有什么突然冒起来的浪花，那也无非是老胡家的小团圆媳妇病了，老胡家又在"跳神"了，小团圆媳妇终于死了；那也无非是磨倌冯歪嘴子忽然有了老婆，有了孩子，而后来，老婆又忽然死了，剩下刚出世的第二个孩子。

呼兰河这小城的生活也是刻板单调的。

一年之中，他们很有规律地过生活；一年之中，必定有跳大神、唱秧歌、放河灯、野台子戏、四月十八日娘娘庙大会……这些热闹隆重的节日，而这些节日，也和他们的日常生活一样多么单调而呆板。

呼兰河这小城的生活可又不是没有音响和色彩的。

大街小巷，每一茅舍内，每一篱笆后边，充满了唠叨、争吵、哭笑，乃至梦呓。一年四季，依着那些走马灯似的挨次到来的隆重的热闹的节日，在灰暗的日常生活的背景前，呈现了粗线条的大红大绿的带有原始性的色彩。

呼兰河的人民当然多是良善的。

他们照着几千年传下来的习惯而思索，而生活，他们有时也许显得麻木，但实在他们也颇敏感而琐细，芝麻大的事情他们会议论或者争吵三天三夜而不休。他们有时也许显得愚昧而蛮横，但实在他们并没有害人或害自己的意思，他们是按照他们认为最合理的方法，"该怎么办就怎么办"。

我们对于老胡家的小团圆媳妇的不

幸遭遇,当然很同情,我们怜惜她,我们为她叫屈,同时我们也憎恨,但憎恨的对象不是小团圆媳妇的婆婆。我们只觉得这婆婆也可怜,她同样是"照着几千年传下来的习惯而思索而生活"的一个牺牲者;她的"立场",她的叫人觉得可恨而又可怜的地方,在她"心安理得地化了五十吊"请那骗子——云游道人给小团圆媳妇治病的时候,就由她自己申说得明明白白的:

她来到我家,我没给她气受,哪家的团圆媳妇不受气,一天打八顿,骂三场?可是我也打过她,那是我要给她一个下马威。我只打了她一个多月,虽然说我打得狠了一点,可是不狠哪能够规矩出一个好人来。我也是不愿意狠打她的,打得连喊带叫的,我是为她着想,不打得狠一点,她是不能够中用的……

这老胡家的婆婆为什么坚信她的小团圆媳妇得狠狠地"管教"呢?小团圆媳妇有些什么地方叫她老人家看着不顺眼呢?因为那小团圆媳妇第一天来到老胡家就由街坊公论判定她是"太大方了","一点也不知道羞,头一天来到婆家,吃饭就吃三碗",而且"十四岁就长得那么高"也是不合规律,——因为街坊公论说:这小团圆媳妇不像个小团圆媳妇,所以更使她的婆婆坚信非严加管教不可,而且更因为"只想给她一个下马威"的时候,这"太大方"的小团圆媳妇居然不服管教——带哭连喊,说要"回家"去,——所以不得不狠狠地打了她一个月。

街坊们当然也都是和那小团圆媳妇无冤无仇,都是为了要她好——要她像一个团圆媳妇。所以当这小团圆媳妇被"管教"成病的时候,不但她的婆婆肯舍大把的钱为她治病(跳神,各种偏方),而众街坊也热心地给她出主意。

而结果呢?结果是把一个"黑乎乎的,笑呵呵的"名为十四岁其实不过十二,可实在长得比普通十四岁的女孩子又高大又结实的小团圆媳妇活生生"送回老家去"!

呼兰河这小城的生活是充满了各种各样的声响和色彩的,可又是刻板单调。

呼兰河这小城的生活是寂寞的。

(作者:茅盾;选自《呼兰河传》序)

(二)
寂寞呼兰河

呼兰河静静地流淌了千年,当年萧红就读的农业小学传唱着一首歌谣,曰:"溯呼兰天然森林,自古多奇才……"萧红便是呼兰河的奇才,也是中国20世纪文坛上的奇才。

1940年萧红带着巨大的精神创痛蛰居香港,完成了她最后的杰作《呼兰河传》。离家出走后的萧红一直在找寻"自己的家",虽然她也曾有过幸福的时光,但极为短暂。生活艰难,经济拮据,感情一再受挫,几乎成为她生活的主题曲,所谓"所托非人"用在她身上是再恰当不过了。香港浅水湾的波纹抚慰不了作家孤独难堪的灵魂!故乡的呼兰河,老家的后园子,园子的主人老祖父,时时撞入她的梦里,唤起她种种回忆,自传体小说《呼兰河传》就产生于这样的感情背景之下,她构筑了一个关于故园的梦境。作品共七章,另加一个尾声,章与章可独立成篇,没有什么联系,所以有人对把它称为小说很疑惑。茅盾先生对此有精妙的论述:

也许有人会觉得《呼兰河传》不是一部小说。他们也许会这样说,没有贯串全书的线索,故事和人物都是零零碎碎,都是片段的,不是整个的有机体。也许又有人觉得《呼兰河传》好像是自传,却又不完全像自传。但是我却觉得正因其不完全像自传,所以更好,更有意义。

作者笔下的农人虽然具备与生俱来的善良秉性,但就整体而言更带有保守的劣根性——迷信、无知、麻木,对于生活中的贫寒与悲愤,他们习以为常,

认为理所当然。"他们被父母生下来,没有什么希望,只希望吃饱了,穿暖了。""生、老、病、死,都没有什么表示。生了就任其自然地长去,长大就长大,长不大就算了。""他们这种生活似乎也很苦的。但是一天一天的,也就糊里糊涂地过去了,也就过着春夏秋冬,脱下单衣去,穿起棉衣来地就过去了。"作品笔法细腻,对日常生活细节的描写极为出色,有讽刺,有幽默,乍看活泼轻松,但越往下读越让人感觉沉重。萧红以一个女性作家的视角,表现呼兰河城民情风俗和民众的生活态度,揭示了那个时代的民族劣根性。

蛰居香港的萧红是极其寂寞的,她在给朋友的信中曾这样写道:"我的心情永久是如此抑郁……在这里我没有交往,因为没有推心置腹的朋友。"儿时寂寞的萧红此时更加寂寞,这种寂寞自始至终缠绕着《呼兰河传》:

呼兰河这小城里边,以前住着我的祖父,现在埋着我的祖父。

我生的时候,祖父已经六十多岁了,我长到四五岁,祖父就快七十了。我还没有长到二十岁,祖父就七八十岁了。祖父一过了八十,祖父就死了。

从前那个后花园的主人,而今不见了。老主人死了,小主人逃荒去了。

这个当年叫着嚷着"少小离家老

大回"的"小主人",终究没能回到呼兰河,年轻的生命带着无法消解的寂寞离开了人世。

(作者:舟梓)

(三)
名家谈萧红

萧红可爱之处,在于写作态度赤诚,不做自欺欺人之谈。

——孙犁

我曾对人说过中国现代文学史中有两位女作家是最纯粹和不可替代带的,一位是张爱玲,另一位便是萧红了。我最初写作的时候还没读萧红的作品,后来读了,马上就爱惜得不得了,她的《呼兰河传》让人百读不厌。

——迟子建

在中国 20 世纪 30 年代的文坛上,年轻的女作家萧红以她清新自然的笔触描绘了东北小镇呼兰河的风土人情,展示了女作家独特的艺术个性,为世界文苑开出一朵美而不艳的奇葩。

——黎潞

孙犁:《白洋淀纪事》

《白洋淀纪事》是我国现当代文坛大师孙犁秀雅、隽永的创作风格的代表作,也是他最为人称道的一部作品集,透露了作者在抗日战争以及解放战争时期的经历和心情,实乃一本自传。

这部超越了时代的伟大作品,有如一幅水墨长卷——落墨不多、色彩不重,却是层次隽永、意境高远。虽然问世于动荡纷乱的战争年代,仍以难得的清新优雅赢得了今天众多读者的喜爱,并将久久流传。

《白洋淀纪事》中的作品具有浓郁的人性美、人情美,充满着诗意。孙犁擅长捕捉人物心灵的秘密,一个家庭、一对夫妻、一个村庄的故事,都可以娓娓道来,在日常絮语中,让人物自己把读者带入他们的内心世界,感受到他们伟大的精神境界。如亲自把相恋的恋人芒种送到了新成立的抗日游击队中的春儿(《风云初记》);尽管心里很不舍得丈夫们离开她们,但还是把他们送进了抗击侵略者的战士行列中的水生媳妇和其他青年妇女们(《荷花淀》);冒着危险带领同志们转移的吴召儿(《吴召儿》);细心关照伤员的香菊、二菊(《香菊》)……孙犁把大部分的篇幅给了妇女，描绘了多姿多彩的妇女形象。

他的作品都像诗一般美妙而富有韵味。在这些作品中，孙犁着力追求的正是诗一般的意境。虽然是以抗日战争时期直至中华人民共和国成立初期冀中平原和冀西山区的农村为创作背景，却丝毫没有说教和冷冰冰的革命语言，而是用最可爱的语言，自然、真实地再现了河北人民生活和战斗的情景。在描绘这些场面的时候，他不是正面地写刀光剑影，而是采取武戏文唱的技艺，以白洋淀明媚如画的风光作为背景，用飘飞的芦花、洁白如云如雪的苇、粉红色的荷花箭，衬托出冀中大地的子民们迎接全新生活的愉悦及其昂扬乐观的战斗精神。

孙犁的文笔是婉约而流畅的，无论是感情的抒发还是人物活动的叙写，都同景物的描绘巧妙地融合起来，使得每篇作品都具有浓郁的浪漫主义色彩和抒情诗的韵致——这就是他的小说清新、雅丽的独特风格。作为一位扎根民间、扎根时代的伟大作家，孙犁的创作既以革命现实主义为根基，又糅合进了浪漫主义的情调。《白洋淀纪事》中的每篇作品都散发出浓郁的泥土芳香，激荡着他对故乡的爱。而其中的很多农村青年女性们，更是被孙犁描写得有如圣洁的地母——不仅有美丽的容貌，更是我们这个曾经苦难的民族坚强的支撑。

"清水出芙蓉，天然去雕饰"，孙犁的作品就能让人品出什么叫作"大味必淡"。一部《白洋淀纪事》拨动和唤醒了深藏于人们心中的爱美、追求美的愿望。《白洋淀纪事》有一种很清纯的滋味，每一个字都浸润了白洋淀清亮的水的气息。在当今这样一个躁动的时代中，静静体味，得到的便是无言的感动。

（一）
孙犁与白洋淀的文学之缘

任何一种文学的产生，都取决于环境、文化和时代三大因素的综合。在中国现当代文学史上，只要提起作家孙犁，人们就自然会想到他的抗战小说名篇《荷花淀》；当人们捧读《荷花淀》，又不禁对风光秀美的白洋淀产生无限的遐想，白洋淀的名字由此也享誉中外。纵观孙犁的一生，无论是他的革命经历，还是文学创作的辉煌成就，都与白洋淀有着密切的联系。他从白洋淀走上抗日征程，投身革命，他携带白洋淀荷花的幽香进入文学殿堂，并以自己的创作风格开创了一个新的文学流派——荷花淀派。他的才性气质与白洋淀的水乡美景是那样的契合一致，而故土家园的情结又使他怎么也"剪不断、理还乱",似乎命中注定与白洋淀结下不解的文学之缘。

1. 投身抗战的起点

孙犁于1933年在保定育德中学高中毕业,因家庭拮据未能继续升学,便漂泊北平,开始了他希望已久的职业文人的生活。他到图书馆看书或在大学旁听、写作、投稿,却很少发表,初入社会就尝到了以文为生的饥饿滋味。他还先后在市政机关和小学当过职员,亲身体验到社会的冷漠和黑暗。1935年,日本进攻华北,形势危急。同年12月,北平爆发了"一二·九"爱国学生运动。年轻的孙犁目睹了动荡不安的社会现实,看到了风云突起的革命势头,怀着寻找新的生路的决心,回到了久别的家乡。

从北平回到安平,孙犁居家赋闲。1936年暑假前夕,经中学同学侯士珍、黄振宗介绍,孙犁来到了安新县同口镇小学教书,从此揭开了他人生与创作的崭新一页。

白洋淀芦苇荡

在同口镇,孙犁不仅看到了白洋淀独特的秀美景色,而且也看到了村里地主、豪绅和军阀的胡作非为,感受到了这里的渔民所遭受的欺凌与掠夺。当时,同口镇建立了党的组织,小学里也有不少共产党员。孙犁从他们那里间接地受到党的关怀与培养。一方面,孙犁进一步接触革命文艺作品,夜深人静孜孜苦读。"回忆在同口教书时,小院危楼,校内寂无一人。萤萤灯光之下,一板床,床下一柳条箱。余据一破桌,摊书苦读,每至深夜,精神奋发,若有可为。"另一方面,在教学中,孙犁注意结合当时的斗争形势,向学生进行革命思想和爱国主义教育,如面对国难当头,他讲解都德的《最后一课》等,对学生教育很大;同时还编排话剧,进行演讲,这些都给学生们留下了深刻的印象。

在白洋淀边这个村镇小学教书的日子里,孙犁被白洋淀秀美的自然景色和民情风俗所激动、所陶冶,在生活上和当地群众的命运紧紧相连、感情息息相通,在精神上和左翼进步文学保持一致,这一切都为他投身革命和进行创作打下了坚实的基础。

2. 审美个性的契合

孙犁与白洋淀结下不解的文学之缘,这与他的个性气质、审美追求有密切关系。孙犁自幼体弱多病，性格内向，多愁善感，寡言慎行，具有"文弱"的气质，"胆子不那么大"。这些性格、气质，既构成了孙犁审美个性的生理和心理基础，也决定了他独特的审美感受和审美情趣。孙犁认为，凡是艺术，都应该是美的；是艺术家，就应该是创造美的人。他说："文学作品的职责是反映现实，主要是反映现实中真的、美的、善的，古今中外的文学作品，都是这样。""我们愿意看到令人充满希望的东西，春天的花朵、春天的鸟叫；不愿意去接近悲惨的东西。""看到真美善的极致，我写了一些作品。看到邪恶的极致，我不愿意写。"这显然道出了作家创作的审美追求和审美理想。在一定程度上，作家的审美追求、审美趣味和艺术个性正是依赖于他所表现的审美对象而形成的。孙犁的文学创作多以冀中平原的白洋淀水乡作为审美对象，也正体现了这一点。

首先，白洋淀清新秀美的自然景色、风土人情，令他陶醉迷恋。抗日战争是血雨腥风的，但孙犁却从滚滚烽烟中看到了一种美，"祖国的山河的美，我从来没有像抗日战争时体会得那样深刻"。金戈铁马、悬崖峭壁、汹涌澎湃并不是他的最爱，他所欣赏的是白洋淀优美清秀的画面。请看作家笔下的景色：淀水像镜面一样平，蓝天一般青；朝霞如染，荷花初放，那粉色的荷花箭高高地挺起，一朵朵丰鲜的花朵上，露珠晶莹，清香弥漫；水面笼起一层薄薄透明的雾，风吹过来，带着新鲜的荷叶荷花香；那柔滑细长的苇眉子，又薄又细，像洁白的雪，像洁白的云；那一望无际的密密层层的大荷叶，迎着阳光舒展开，就像铜墙铁壁一样……不难看出，孙犁对白洋淀自然景色的描写，是用整个身心去感受、去体味出来的，呈现出清新明丽的一种审美境界。

其次，白洋淀人民在抗战中所表现出来的保家卫国、坚定乐观的美好精神，让孙犁感动佩服。他的小说浓墨重彩地描写了那些撑着冰床"像离开了强弩的箭"、急着把丈夫"送到战场上去"的水生嫂们，这些女性形象，以其内在的品质和外在的形态负载着作家的审美感知和审美体验。在抗战的时代风云中，她们有着强烈的社会意识感和对国家、对民族的责任心，顾大局、识大体，乐观勇敢，勇于献身。孙犁把她们推向阳光的照射之下、春风吹拂之中，热情地摹写极其平凡而可爱的心地，深刻挖掘其美好、纯洁、坚强的性格，并把这一切升华到诗意的境界，给人以一种质朴、自然、健康、清新的人性美和人情美。"善良的东西，美好的东西,能达到一种极致。在一定的时代,在一定的环境,可以达到顶点。我经历了美好的极致,那就是抗日战争。我看到农民,他们的爱国热情,参战的英勇,深深地感动了我。我的文学创作,就是从这个时候开始的。我的作品,表现了这种善良的东西和美好的东西。"这正是孙犁审美个性与白洋淀水乡契合的生动表白,更是对他所书写的抗日战争的独特阐释。

3. 创作成功的载体

孙犁从 20 世纪的 30 年代开始从事文学创作,但直到 1945 年 5 月在延安发表了短篇小说《荷花淀》才标志着他创作上的成功。这篇取材于白洋淀人民抗日斗争生活的纯美小说,就像是从冀中平原上、从水淀里,刮来一阵清凉的风,带着乡音,带着水土气息,吹遍了延安,吹遍了整个解放区。它不仅使孙犁声名鹊起,而且成了作家最重要的代表作和中国现代文学的经典名作。

孙犁在《关于〈荷花淀〉的写作》中说:"冀中区的人民,在抗日战争中做出重大贡献,忍受重大灾难,蒙受重大损失。他们的事迹,必然在文学上得到辉煌的反映,流传后世。"正是基于此,伴随着《荷花淀》轰动于世,孙犁的创作热情更加高涨,他曾以"白洋淀纪事"为题写了一组小说。这年 8 月,与《荷花淀》齐名的《芦花荡》发表,之后他又创作了《嘱咐》等。可以说,孙犁最成功、最有名的小说都是以抗战时期的白洋淀地区为背景所完成的。尤其是以白洋淀地名结集的《白洋淀纪事》更是久负盛名、影响深远。这部收录了作家 1939 年至 1953 年期间创作的 58 篇小说、散文合集,自 1958 年首次出版以来,至今已再版 3 次。难怪孙犁在 1982 年出版的《〈孙犁文集〉自序》中说:"我最喜爱我写的抗日小说,因为它们是时代、个人的完美真实的结合。我的这一组作品,是对时代和故乡人民的赞歌。"

广袤无垠的冀中平原、秀丽如画的白洋淀水乡,成为孙犁着墨最多、情有独钟的地域。抗日战争、白洋淀风土人情以及他的个人气质,决定了他将冀中这块土地和土地上人民的生活,作为他文学创作的摇篮和酵母。特别是白洋淀独特的自然环境和人文景观,更为他尽情挥洒抒情笔墨提供了充分的艺术空间。"有人说孙犁好像钻进了白洋淀一带老乡亲的心里,别人想说的话,他说出来;别人想到了而说不出来的话,孙犁也说得那样中听,那样贴耳,这是孙犁把生活'心灵化'了的功力所在。"正因为如此,孙犁能够从一个老太太喂养心爱的母鸡的日常小事中,体悟到中华民族母亲形象的平凡而又伟大之处，体悟出许许多多老百姓最朴素、最率真的想法：如果儿子不去打仗，不只她自己活不成，她手里的这只母鸡也活不成。作家正是通过对生活和人物的艺术化处理，使得他笔下的环境让人感到有一种灵性，引导你身临其境去领略那里的无限风光，寻找那里的美好境地，体验那里的淳朴民情，并能够在单纯中见深远，在平面中见层次，给人一种艺术想象纵横万里的驰骋。抗日战争的烽火硝烟与白洋淀的秀美风光、淳朴民情，成就了作家孙犁和他的小说。

4. 故土家园的情结

孙犁是一位乡土情结浓厚的作家。他说："我对故乡的感情很深。虽然从十二岁就经常外出，但每次回家，一望见自己家里屋顶上的炊烟，心里就升起一种难以表达、难以抑制的幸福感情。"正是这种"幸福感情"构成了孙犁特有的故乡情结，渗透于他的作品之中，挥之不去，化解不开。

需要指出的是，孙犁在这里所说的"故乡"是广义的，指的是冀中平原，它不仅包括作家的出生地河北省安平县东辽城村，还包括安新县的白洋淀。因为白洋淀人民视孙犁先生为亲人，孙犁先生也把白洋淀当作自己的第二故乡，而且在孙犁的生活经历和感情记忆里，白洋淀与东辽城村一样，是无法分开的。从童年的视角来看，孙犁在东辽城村度过了快乐幸福的童年。无论是纤夫的号子、河中的白帆，还是苇塘的水鸟鸣叫，抑或是一望无际的原野，都使幼年的孙犁沉醉迷恋，都使他对自然美产生了热烈的追求与崇尚。

孙犁曾于1936至1937年在白洋淀边的同口镇教书，所以由他的成年眼光透视的，则是抗日战争来临之际，发生在冀中平原的农民与战争、土地、家园等更为复杂的错综关系，而这恰恰是他以后创作中最为重要的生活来源。到了晚年，孙犁一直居住在天津，"时时刻刻处在一种厌烦和不安的心情中，很想离开这个地方，但又无家可归"。对故乡的呼唤，只能变成一种深深埋在心底的美好愿望，并常做着"回家"的梦："梦中每迷还乡路，愈知晚途念桑梓。"

从作家创作的取材、作品的内容以及风格的形成等多方面因素来看，孙犁一直把白洋淀当成自己的家乡。孙犁在关于〈《荷花淀》的写作》一文中，曾谈到这篇小说创作的动因："《荷花淀》所写的，就是这一时代，我的家乡、家家户户的平常故事。""我在延安的窑洞里的一盏油灯下，用自制的墨水和草纸写成这篇小说。我离开家乡、父母、妻子，已经八年了。我很想念他们，也很想念冀中。打败日本帝国主义的信心是坚定的，但还难预料哪年哪月，才能重返故乡。"显然，在这里，作家不仅把《荷花淀》故事的发生地白洋淀当作了"我的家乡"，而且在写作这篇小说时，融进对家乡和家乡人民的无比思念之情。

白洋淀是孙犁所熟悉的，也是他的创作源泉之一。这里的每一只舟影、每一朵荷花都和他的文学神经有着"剪不断，理还乱"的血肉联系。他曾在小说《琴和箫》中这样写道："我遥望着那漫天的芦苇，我知道那是一个大帐幕，力量将从其中升起。"正是这种力量，使得孙犁以充满诗情画意的笔触，写出了白洋淀人民如火如荼的抗日战争情景和他们心中存有的浓厚的家园意识。对于离家打仗的"水生"们来说，故乡、家园、妻儿是支撑他们与日寇浴血奋战的精神力量；对于留守在家照顾老小、担负起沉重家庭负担的"水生妻"们来说，"团圆"的期盼是支撑她们顽强生活下去的动力之源。也正是这种力量，使得孙犁拓垦了白洋淀的地域文化，并与之自然形成了一种亲近感。

2002年7月11日孙犁先生逝世后，白洋淀的父老乡亲含泪献上淀中最清香的荷花为孙犁送行，并在白洋淀荷花大观园修建了孙犁纪念馆，让家乡的子孙后代永远缅怀和记住孙犁先生对白洋淀的历史性贡献。这一切都表明，孙犁的爱、孙犁的梦、孙犁的魂，已融化在白洋淀的水荡芦苇里，凝成了故土家园难以割断的情结。

（作者：马德生、李娟；选文有删节）

（二）
名家谈孙犁

孙犁的创作有一贯的风格，他的散文富有抒情味，他是用谈笑从容的态度来描摹风云变幻的，好处在于虽多风趣而不轻佻。

——茅　盾

孙犁那种风格独具的小说，他的乡土情感与真诚的人民性，一如荷花淀里的水光荷影，明亮透彻；孙犁的散文随笔，有同样的清纯。孙犁给文坛留下的既是一种风格，也是一种性格。我从孙老的身上学到了很多东西，孙老的一生无愧于这个时代。

——冯骥才

中国只有一个孙犁。他就是个大儒，又是一位"大隐"（隐士）。按照孙犁的革命资历，他如果稍能入世一点，早就是个大文官了；不，他后半生偏偏远离官场，恪守文人的清高与清贫。这是文坛上的一声绝响，让我们后来人高山仰止。

——莫　言

（孙犁）没有大红大紫的轰轰烈烈，笔锋流露出的多是充满人间的真情。他是月亮，不是太阳；他是云和雨，不是炽热灼人的火山。孙犁就某种意义来说是独一无二的作家，他来自解放区，又给我们留下了不同于其他解放区的作家的文字。我们在年轻的时候就是把孙犁视为我们心里的一颗明星的。孙犁可能在中国历史上是一个文学时代的终结。

——丛维熙

中外民间故事

王 燕 卢茂君 编著